普通民办小学构建
现代学校制度的实践与思考

徐东亚◎编著

吉林大学出版社

长春

图书在版编目（CIP）数据

普通民办小学构建现代学校制度的实践与思考 / 徐
东亚编著. -- 长春：吉林大学出版社，2021.7
ISBN 978-7-5692-8566-6

Ⅰ．①普… Ⅱ．①徐… Ⅲ．①民办小学—学校管理—
研究—中国 Ⅳ．① G627

中国版本图书馆 CIP 数据核字（2021）第 142185 号

书　　名：普通民办小学构建现代学校制度的实践与思考
　　　　　PUTONG MINBAN XIAOXUE GOUJIAN XIANDAI XUEXIAO ZHIDU DE
　　　　　SHIJIAN YU SIKAO
作　　者：徐东亚 编著
策划编辑：卢　婵
责任编辑：刘　佳
责任校对：卢　婵
装帧设计：黄　灿
出版发行：吉林大学出版社
社　　址：长春市人民大街 4059 号
邮政编码：130021
发行电话：0431–89580028/29/21
网　　址：http://www.jlup.com.cn
电子邮箱：jdcbs@jlu.edu.cn
印　　刷：武汉鑫佳捷印务有限公司
开　　本：787mm×1092mm　　1/16
印　　张：15.5
字　　数：180 千字
版　　次：2021 年 7 月　第 1 版
印　　次：2021 年 7 月　第 1 次
书　　号：ISBN 978-7-5692-8566-6
定　　价：120.00 元

序 言

近年来，民办学校作为教育事业发展的重要增长点和促进教育改革的重要力量，在创新办学模式、加强内涵建设、提高服务水平、提升教育质量、规范办学行为等方面取得明显的进展。在现代学校制度建设中，民办学校能够将"学校"作为自己的本质规定，在贯彻教育方针，优化教育方式，追求教育质量过程中，运用民办学校办学的灵活性，增强教育活力，提高办学效益和效率，推进教育体制机制改革创新，切实肩负起了为民族振兴和国家建设培养人才的使命。

联升小学自 2006 年创办以来，一直坚持做好"内强素质，外树形象"工作。首先是按照《中华人民共和国教育法》《中华人民共和国民办教育促进法》《社会力量办学条例》《广东省基础教育民办学校管理规定》《东莞市民办学校管理办法》等政策要求，依法依规办学，按照小学阶段的教育教学要求，满足并适当提高办学的软硬件标准；其次是依据现代学校制度的精神，在制订学校章程、规划学校发展、优化内部管理、引领教师专业成长、改革课程教学、落实全员德育、促进学生全面发展、创新教育评价等体制机制建设中，形成了完整的办学系统；再次是强调学校利益相关者在制度构建和发展中的作用，作为普通民办学校，它让小企业、小商贩、工薪阶层的子女能读得起书，能积极主动参与到学校的管理和发展中来，学校举办者能坚持非营利性办学和全面落实校长负责制，师生依法享有与公办学校师生员工平等的法律地位，能为更好地成就自己的生命价值而努力拼搏；最后是为适应时代发展的要求，学校制度的建设凸显了"现时性"，建立了与当前教育教学改革相适应的规则体系。特别是东莞市提出建设品牌学校以来，联升小学按照品牌学校建设的要求，用制度的形式将师资建设、课程构建、学生发展和激励评价等融为一体，形成特色培育、品牌塑造的亮丽风景线。

《普通民办小学构建现代学校制度的实践与思考》将学生的学和教师的教作为构建整个学校制度的法则。

一是把学生发展作为工作的出发点和落脚点，确立了"以人为本，突出个性发展，培养诚善进取、睿智尚美的时代新人"的培养目标，通过资源整合、课程开发、评价激励、个性化服务等手段引领一线教师开展学校治理体制机制的创新，为学生的全面、多元发展搭建各种平台，充分发挥社区、家长及周边优质教育资源的优势，共同提升学生的学习成效。

二是用"崇尚一流，追求卓越"的教师文化精神和创业者的价值观统领教师的发展，从目标、情感、榜样、待遇四个方面增强教职工的凝聚力，提升教职工的主人翁意识，办好学校的责任感、使命感和荣誉感，引领他们争做诚善进取、睿智尚美的联升人，在成就学生、成就自身和成就学校中使联升团队走得更好、更快、更远！

　　《普通民办小学构建现代学校制度的实践与思考》是徐东亚校长在现代学校制度的框架下，领导学校班子成员，围绕学生发展和教师成长厘定的学校规则体系，它凸显了教育的独立性、学校的自主性和促进个体发展的可能性。本书既充分阐释了徐东亚校长教育情怀和教育格局，又体现了学校举办者、在联升小学工作和工作过的教职工为学校高质量发展所做的努力。相信本书的出版，能为同类民办小学建设现代学校制度提供一个很好的实例。

　　　　　　　　　　　　　　　　　广东第二师范学院　　刘建强

　　　　　　　　　　　　　　　　　2021 年 8 月 15 日

前　言

　　建设现代学校制度是我国教育改革发展的重要内容和必要条件。《国家中长期教育改革和发展规划纲要》对建设学校制度提出了明确要求和实施路径。教育部发布了《依法治校——建设现代学校制度实施纲要（征求意见稿）》，将现代学校制度的实施进一步引向深入。在当前加快转变教育发展方式的背景下，建设现代学校制度对于促进和保障各项改革事业的顺利推进具有关键作用。

　　"依法办学、自主管理、民主监督、社会参与"是现代学校制度的四大基本特征，也是建设现代学校制度的目标和任务。充分体现了让所有学生获得充分、全面发展的教育宗旨，有助于增进教育秩序，促进教育公平，提高教育效率，是现代学校制度所追求的价值目标。建设现代学校制度，要求学校健全科学民主的决策机制、运行机制、监督机制，实现学校治理的科学化、民主化和法治化，形成学校依法办学、自主管理，教师依法执教，社会依法支持和参与学校管理的新格局。在国家全面推进教育治理体系与治理能力现代化的背景下，联升小学积极开展了现代学校制度建设的研究与实践，并取得显著成效。

建设现代学校制度是一个系统性工程，涉及学校治理体系的方方面面，必须统筹谋划、全面推进。为此，我校聘请多方专家、教授为我校发展问诊把脉，从顶层设计开始，重新构建现代学校制度的体系：形成系统完备、科学规范、运行有效的现代教育治理体系；依法制订学校章程，完善学校内部的管理制度，建设公正合法、系统完善的现代学校制度。

推进现代学校制度建设是时代之需，而现代学校制度的实践也是一个持续发展、不断丰富的过程，任重而道远。联升小学作为东莞一所普通的民办学校，通过构建现代学校制度，努力探索现代学校发展的规律，提高了学校办学的质量，推动了学校的高水平发展。希望通过我们的实践，能引起更多的学校、同仁对构建现代学校制度的关注，共同研究相关问题。

徐东亚

2021 年 8 月 10 日

目　录

第一章　普通民办学校概论

普惠性民办学校是指接受政府分级管理和补助的民办义务教育学校和限价收费的民办普惠性幼儿园，集体办、国企办学校除外。普惠性民办学校的产生在一定程度上缓解了我国教育资源不足的压力，普惠性民办教育已成为中国社会主义教育事业的重要组成部分，是对公办教育的补充。如何从家长的期望与学生的实际状况出发，力求实现由应试教育向素质教育的转变，以此来满足社会对义务教育的选择需求，是普惠性民办学校在接受市场选择和参与教育质量竞争时立于不败之地的关键因素。

第一节　普通民办学校的产生

义务教育是我国教育改革发展的一大突破。长期以来，政府承担着义务教育阶段的公共财政责任。20 世纪 90 年代，在市场经济体制改革浪潮的影响下，我国的一些事业单位、国有企业相继转制，改由社会力量进行办学。近年来，随着我国经济不断增长，乡村人口大量涌向城镇，导致城镇义务教育阶段儿童数量急剧增长，小学教育学位供给与需求的矛盾越来越突出，一大批适龄儿童难以获得应有的教育服务。教育资源供给不足，给社会带来了很大的压力。例如，部分家长为了解决子女上学的问题，通过各种非正当途径寻找门路，滋生了教育领域的腐败。面对日益迫切的入学需求压力，如何增加教育资源的供给，成为政府教育改革发展的重要政策议题。

在上述背景下，针对教育领域"入学难"的社会问题，国家提出了"发展普惠性教育"概念，积极扶持民办学校，特别是面向大众、收费较低的普惠性民办学校发展。自此之后，普惠性成为我国教育改革发展重大决策部署的核心主题。

然而迄今为止，国家政策文件并未明确解释什么是普惠性教育，普惠性民办学校到底包含哪些内容，导致社会对普惠性教育的认识不明确，解释不清晰，界定多样化。如：有学者认为，普惠性民办学校就是"公共资金举办面向社会大众的公共教育服务机构"，普惠性体现于"公共资金"和"面向大众"。也有学者认为，"普惠性强调的是普遍惠及、人人享有，其核心属性是高包容性、非竞争性、非排他性"。[①] 对于如何正确把握普惠性教育的应有内涵，我们不妨通过分析普惠性教育政策背景及实践归纳出其基本特征，由此获得对普惠性民办教育的内涵理解。归纳起来，普惠性民办教育概念蕴含以下特征。

---

① 吴忠民.普惠性公正与差异性公正的平衡发展逻辑［J］.中国社会科学，2017（9）：33–44.

一、具有普惠性的特征

普通民办学校的基本特征是普惠性，是一种价值性概念，具有主观性。普惠性是国家和社会对义务教育的一种发展诉求，具有强烈的主观价值判断性，是社会公正、教育公平的具体反映。现代意义上的社会公平，实际上是由普惠性公正和差异性公正构成的有机整体，两者相辅相成，共同构成了社会公正的基本内容。发展普惠性民办教育，实质上是推进教育领域的普惠性公正。普惠性民办教育，应该是所有普通阶层适龄儿童都有平等资格，享有平等教育权利，无差异化接受的最低要求的教育服务。正如有学者所言："新时期我国教育普惠政策是在我国特定的历史背景下制定的，体现了国家努力实现教育公平对弱势群体进行政策扶助的价值选择，并且该政策具有较高的合法性和有效性。"[①]

二、具有区域差异性特征

强调教育的普惠性公平，是我国特定历史条件的产物。公平正义的认识和追求，具有明显的历史性特征。马克思指出："关于永恒公平的观念不仅因时因地而变，甚至也因人而异。"我国不同历史条件下，普惠性公正的实现形态和实现路径具有较大差异性。人与人之间的公平，受其所在大区域大环境的公平制约。在我国，经济社会发展不平衡的问题仍然突出，中西部经济水平差距大，这必然决定了普惠性民办教育的标准及形态上的不一致。以学费为例，普惠性民办教育，首先应该是人们在经济能力可以接受的范围内的教育，价格合理适中。但学费高低是相对的，学费是否超

[①] 李文章.非对立性普惠性学前教育与营利性民办幼儿园的相互关系［J］.现代教育论从，2018（2）：40-44.

过普惠性要求，事实上主要取决于当地经济社会发展水平和多数家庭的物质财富支配能力。因此，在区域不平衡的大格局下，同样是接受普惠性民办教育，儿童及家长所付出的成本是不一样的。

在我国，民办教育在很长的一段时间内，处于现实与法律的矛盾之中。一方面，民办教育事实上存在"营利性"办学。我国民办学校多数举办者，之所以投身办学校兴教育，其初衷并不是为了促进社会公共教育事业的发展，而是看到了巨大的财富商机，是为了获得个人资本利润而来的。投资办学是我国现阶段民办教育的基本特征。尽管表面上，不少举办者未公开表示要求获得合理回报，但在实际办学中，谋求投资收益的目的意图路人皆知，如举办者牢牢控制董事会，家庭成员牢牢把控学校财务、后勤处等核心部门等，这也是投资办学产生的必然行为反应。另一方面，法律上长期禁止营利性民办教育。根据 1995 年《教育法》第二十五条规定："任何组织和个人不得以营利为目的举办学校及其他教育机构。"此后，在 1997 年颁布的《社会力量办学实施条例》以及 2003 年颁布的《民办教育促进法》中，都明确规定民办教育"不得以营利为目的"。营利性之实与非营利性之法的冲突，给民办教育发展造成了明显的负面影响，如学校法人财产权政策落实上缓慢、民办学校内部个人控制严重，举办者办学动力难以激发等。正是在上述背景下，放开营利性成为民办教育领域改革发展的重要议题。2015 年，我国新修订的《教育法》中，删除了过去"不得以营利为目的的"法律规定。

2016 年，《全国人民代表大会常务委员会关于修改〈中华人民共和国民办教育促进法〉的决定》中做出了进一步规定："民办学校的举办者可以自主选择设立非营利性或者营利性民办学校。但是，不得设立实施义务教育的营利性民办学校。"自此，在法律上，我国的普惠性民办教育获得了合法身份。

第二节　普通民办学校的地位

2010年以来，为贯彻落实国家大力发展普惠性教育要求，全国各地纷纷制定了关于普惠性民办学校的认定及扶持办法。纵观诸多地区关于普惠性民办学校的认定要素或标准，大致可归纳为四类。

一、在服务对象上，应该是面向大众的

受教育者应该不受种族、性别、身份等条件限制，一律平等地享受进入学校学习的权利，如果学校的招生仅仅面向特权阶级或富裕阶层等少数高端人群小孩而忽略弱势群体，这样的学校是不符合普惠性精神的。

二、在学费价格上，应该是合理的

学费一般根据生均保育成本、当地城乡经济发展水平和群众承受能力等情况，并在各县（市、区）确定的价格浮动区间内制定收费标准。学费不能大大地超过当地人民群众的一般生活水平。

三、在办学行为上，应该是规范的

普惠性学校要证照齐全、办学行为规范，没有相关的安全责任事故、通报批评等违法违规处理记录。如果一所民办学校缺乏基本规则意识教育，肆意违反教育法律法规，不仅会侵害学生及家长的权益，甚至还会带来社会问题。

四、在办学质量上，应该是有基本底线的

提高办学质量对学校教育而言非常重要，因为义务教育阶段的学生可塑性最大，只有通过有质量的、科学的教育才能促进其良好的发展，可以说没有质量的普及率是毫无意义的。

一般来说，只要符合以上条件的民办学校，皆可申报为普惠性民办学校。

数据显示，全国每五个学生当中就有一个学生在民办学校就读，民办教育已成为中国社会主义教育事业的重要组成部分，是对公办教育的补充。目前来看，普惠性民办学校办学质量良莠不齐，各校之间也存在较大差别，难以形成良性循环。党的十九届四中全会再次重申"支持和规范民办教育"，这是党和国家对于民办教育一贯支持的政策导向。"支持和规范就像一个硬币的两面，在支持中规范，在规范中支持发展，两者是对立统一的。"[①]

当前，人民群众对接受优质教育的需求越来越旺盛，民办学校应进一步规范办学、加强内涵建设，努力提供更多个性化、品牌化、高质量的教育服务。同时，政府也应该履行公共管理职责，从划桨转为掌舵，从教育的举办者变为教育的规划者，落实民办教育的同等法律地位，为广大民办学校的发展营造良好的外部环境。

第三节 普通民办学校的作用

我国基础教育改革与发展的实践表明：在我国，不论是贫困地区还是发达地区，不论是尚未普及九年义务教育还是已经普及的地区，单一化的

---

① 建华.困境与出路：民办学校发展问题探究［A］.中国教育学刊，2014（10）：45—49.

公办学校并不能完全满足社会的需求。近年来重新起步的民办学校，尤其是普惠性民办学校，客观上从不同层面弥补着公办学校的不足，具有一定的拾遗补阙作用。

一、有利于加快普及九年义务教育的步伐

国家一再强调落实教育优先发展的战略地位，并把到20世纪末全国基本普及九年义务教育和基本扫除青壮年文盲作为教育事业"重中之重"的任务。抓好普及九年义务教育的任务已显得十分紧迫，但是由于各地情况不同，不少地方要完成"重中之重"的任务还面临着相当大的困难。

一方面，很多地方正进入小学、初中学龄人口高速增长的时期，入学、升学难的状况比较突出。即使城市小学、初中入学高峰逐渐有所回落，农村小学升初中的困难仍将持续相当长的时间；另一方面，义务教育总体规模的急剧扩大使办学条件紧张的局面逐年加重，改善办学条件的任务与投入不足的矛盾十分突出。学龄人口高速增长与严峻的办学条件形成反差，使得公办学校的承受力面临挑战，继续单纯依靠公办学校增加班容量解决入学困难，势必给义务教育质量造成不良影响。

二、有助于解决流动人口子女就学难的问题

随着我国工业化、城镇化、现代化进程的不断推进，农村人口向城镇的转移已成为一种不可遏制的趋势，与之相伴而来的流动人口子女就学难的问题也日渐突出。在现实条件下，很多城市的公办学校，满足当地适龄儿童、少年入学已是捉襟见肘，解决流动人口子女的就学问题难度更大。面对着户籍的限制和高额的收费，很多流动人口的子女陷入了"流失""辍

学"的境地。

三、有效缓解公办学校人满为患的压力

随着我国建立社会主义市场经济体制步伐的逐步加快，教育正面临着日益多样化的社会需求。民办学校的发展，是对目前我国社会多样化发展态势的一种积极反应。随着我国人民生活水平的提高，家长具备了与选择教育需求相适应的经济承受能力，很多人希望自己的子女能受到更为良好的教育。一部分家长由于工作原因无力照顾和辅导子女，他们希望自己的子女能在寄宿制学校里得到妥善的照料和培养；更多的家长希望对子女加强外语、计算机、艺术等方面教育，以满足特长培养的需求；还有相当一部分家长因所处社区的学校不尽如人意而产生择校动机。

目前我国城市数量有限的办学条件较好的学校已严重超负荷，现有的公办教育自然无法完全满足这种选择教育需求。很多地方的办学条件较好的学校纷纷以招收"择校生"的名义，开办了高收费班，实行所谓的"一校两制"：县级以下的乡村学校办学质量普遍较差，难以满足新时代农民的选择需求，而普惠性民办学校的出现刚好弥补了这一缺陷。

目前大部分义务教育阶段的民办学校，极为关注学校的教学质量和办学特色，但是从效果和动机来考查，一些学校的教育计划和设想，旨在借此吸引生源或作为一种时髦的表面文章，没有真正收到应有的效果。

因此，各级教育主管部门应督促义务教育阶段的民办学校，确实从家长的期望与学生的实际状况出发，力求实现由应试教育向素质教育的转变，以此来满足社会对义务教育的选择需求。也只有这样，才能使普惠性民办学校在接受市场选择和参与教育质量竞争的过程中立于不败之地。

第二章　推动依法治校

依法治校是贯彻党的教育方针，推进依法治国基本方略的必然要求，是深化教育改革，推动教育发展的重要内容。"依法治教，依法治校"既是时代的要求，又是我校管理工作的需要。早在我校开办之初就制定了学校章程、学校制度等"崇和悦上"的制度文化。

第一节　制定章程

章程，是组织、社团经特定的程序制定的关于组织规程和办事规则的规范性文书，是一种根本性的规章制度。章程与规则的关系类似于宪法和法律。学校章程是学校的"宪法"，是学校管理的总纲，是指为保证学校正常运行，就办学宗旨、目标任务、内部管理体制及人事、财务活动等重大基本问题形成的全局性、纲领性文件。各级各类学校，必须做到一校一章程。

一、政府与社会和谐的契合点

随着民办教育的深入推进发展，普惠性民办学校呼之欲出。普惠性民办学校强调"普惠"两字，即普遍惠及，这意味着面向的是大众，人人都能上得起的学校，不因各种因素而区别对待，同时还须收费合理，意味着办学并不是为了牟利，而是真真正正地为了教育事业。普惠性的民办学校对促进社会和谐发展有着重要意义。在公办学校学位不足的情况下，特别是在外来务工子女比较多的清溪镇，解决孩子的上学问题必定成为家长的首要问题。而大多数的外来务工者积蓄并不多，收入并不高，许多收费昂贵的民办学校只能让他们望而却步。假设没有普惠性民办学校的出现，这些外来务工者只能被迫选择把孩子送回家乡，这一选择的后果便是会造成留守儿童这一社会问题日益严峻；另一选择便是降低生活质量，顶着巨大的生活压力把孩子送进昂贵的民办学校，这无疑也会带来一系列消极的影响。因此，普惠性民办学校的出现是政府和社会和谐的契合点，同时也是民众的呼声。

清溪镇是客家人和外来人口聚集的地方，是融中原文化、岭南文化、海洋文化为一体的多元城镇，注定了清溪镇的发展要以包容、文明、和谐、生态为主题。改革开放以来，清溪镇始终坚守着"工业立镇、生态强镇、文明促镇"的发展战略，用不到 30 年的时间，完成了从偏远落后小山村到先进制造业城镇的巨大跨越，2012 年被评为中国最美小镇。近年来，随着新莞人力量的不断加入，把新莞人融入清溪镇的地方文化中来，建设一个和谐、美丽、文明、生态的美丽小镇已成为清溪镇的共同愿景。要想建设这一美好的共同愿景，肯定离不开教育这方面的建设。联升小学根据自身的"和"文化并结合清溪镇发展愿景，建设为普惠性民办学校，实行惠及普遍的政策以及收费低的准则，并形成了"上和"文化，"上和"即崇和悦上，是内涵与外显，品德与行为的高度概括，是知和行的完美统一。言行一致，表里如一是联升学子的基本素养。"上""和"教育不仅是以人为本、以品为本，不断成长、不断创新的教育，也是内涵与外延协调发展，德育与智育并行发展，教书与育人完美结合的具有强大生命力的教育。这一文化无疑与清溪镇的和谐发展美好愿景不谋而合，同时在创办伊始，学校就提出了"以人为本，坚持德育为先；突出个性，促进和谐发展"的办学思想，以"促养成教育"和"抓双基教学"为途径，来培养"全面发展、张扬个性"的联升学子。联升小学的办学理念和学校性质可以说是解决了清溪镇一部分新莞人子女入学难、入学贵等问题，契合了政府和社会创建和谐教育的理念。

二、企业办学的积极意义

联升小学自创办以来，在许多方面都起着重大作用，有着积极意义。从社会层面来说，联升小学的创办解决了一部分新莞人子女入学难、入学贵的问题，在一定程度上弥补了清溪镇公办基础教育的缺口。解决好新莞人子女的入学问题，能够让外来务工者更好地在自己的工作岗位上心无旁骛，更好地为社会建设贡献力量。同时，还能够不再加剧留守儿童这一严峻的社会现象，孩子留在父母的身边，对孩子的生理和心理发展都起着重要作用。联升小学的办学理念始终围绕着"和"字。在社会层面，"和"是指构建和谐社会，人与人之间的氛围和谐；在社区层面，联升小学十分重视家校合作，认为"和"是家校与社区和谐互助，形成合力的关键。联升小学开设父母学堂等课程，增进家校之间的合作互助，在一定程度上减少了父母与子女之间的矛盾，父母能够通过所学知识运用到平时的育儿中。开设父母学堂，重视家校合作能够为建设和谐社区带来积极意义。近年来，青少年的心理健康越来越被重视，而青少年的心理是否健康与家庭有着重大关系。通过父母学堂的课程，家长在一定程度上能够学习处理与孩子之间的关系，学会关心爱护自己的孩子，重视孩子的心理健康。从这一层面来说，联升小学的开办对青少年心理健康有着积极意义。

联升小学的育人目标是培养诚善进取、睿智尚美的时代新人。这一目标既是对学生的培养目标，又是对教师的要求。诚善进取是对师生人文思想和价值观方面的要求，睿智尚美则是知识能力和情感态度方面的要求，充分体现了教育的本质。"诚善进取、睿智尚美"，于学生而言，就是要将学生培养成为一个诚实友善、知礼守礼、专心向学、积极进取、求真务实，且有着高尚审美情趣和正确审美观念的新一代接班人。联升小学自开办以来一直在努力靠近、实现这一目标，培养出一批又一批诚善进取、睿智尚美的时代新人。

三、学校章程的规范制定

学校章程上承国家法律法规，下领学校内部规章制度，是学校成为独立法人组织的必备要件，是学校依法自主办学、实施管理和履行公共职能的基本依据，是加强现代学校制度建设的载体和体现。制定学校章程要遵循以下基本原则。

（一）合法原则

学校章程应以宪法、法律、法规和规章为依据，坚持社会主义办学方向，落实党和国家教育方针、政策，遵循教育规律。章程内容不得超越本校职权和法律、法规的授权范围。

（二）人本原则

学校章程制定应坚持以人为本，明确立德树人的根本任务，贯彻落实社会主义核心价值观，凝聚教师、学生、家长、教育管理部门、社会等各方共识。

（三）务实原则

学校章程应立足实际，体现本校办学历史、办学定位、教育理念、人才培养、社会服务、文化传承、国际交流等方面的特色。

（四）发展原则

学校章程应体现学校建设发展的目标、规划和措施。鼓励学校把自主创新和行之有效的教育理念及实践探索通过章程固化为制度。

学校章程是规范政府管理学校、学校自主办学及社会监督评价的重要依据。制定和实施学校章程是依法治校，建立现代学校制度，促进学校持续发展的法理依据。针对当下学校章程存在的问题，建立与完善基于学校章程的学校治理机制应是破解学校治理难题的重要举措。为此，联升小学从"崇和悦上"的特色理念出发，制定、修订、完善学校章程，凸显我校的办学理念和特色。同时，在章程的指导下，制定学校自主办学与自我管理的相关制度体系，优化学校内部治理结构，明确不同利益主体之间的权利、义务和职责，从而保障学校办学自主权的有序运行。

四、东莞市清溪镇联升小学章程

第一章 总则

第一条：根据《教育法》《民办教育促进法》《民办教育促进法实施条例》《民办非企业单位登记暂行条例》和有关法律、法规，制定本章程。

第二条：学校名称为东莞市清溪联升小学。

第三条：学校性质为东莞市清溪联升小学是一所非营利性民办小学。

第四条：办学宗旨是为学生终生发展奠基，为教师持续成长铺路。遵守中华人民共和国宪法、法律法规和国家政策，遵守社会道德风尚，全面贯彻国家的教育方针，保证教育质量，培养德、智、体、美、劳等全面发展的社会主义事业建设者和接班人。

第五条：东莞市联升小学自愿接受东莞市教育局及相关管理部门的指导和监督管理。

第六条：学校地址是东莞市清溪镇荔学街 1 号。

第二章 办学机构

第七条：学校占地面积 20 829 m²；建筑面积 9 600 m²；教学班 36 个，学生 1 700 余人。

第八条：办学层次为小学教育。

第九条：办学形式为普通全日制小学教育。招生对象为东莞市清溪镇新莞人子女学龄儿童。

第三章 组织管理

第十条：本学校的举办者是东莞市清溪镇荔横村民。

举办者享有下列权利：

（1）了解本单位经营状况和财务状况；

（2）推荐首届董事会和监事；

（3）有权查阅董事会会议记录和本单位财务会计报告；

（4）召开举办人会议。

第十一条：学校设立董事会，董事会每届3年，董事会是学校的决策机构。

第十二条：学校董事会由出资人、校长、教育教学经验具有10年以上的教师代表等组成。

第十三条：董事会成员热心教育事业，品行良好，具有政治权利和完全民事行为能力，并不得兼任学校监事。

第十四条：首届董事、董事长由举办者推选产生；董事长的更换由董事会投票选举，全体董事半数通过。更换董事由董事长提名，经三分之二以上董事会组成人员同意通过。因不可抗力导致董事会人数低于法定人数的，由举办人会议选举补充。

第十五条：董事每届任期为3年。董事期届满后可连任。

第十六条：董事会行使下列职权：

（1）聘任、解聘校长；

（2）修改学校章程；

（3）制订发展规划；

（4）审核预算、决算；

（5）决定学校的分立、合并、终止；

（6）学校章程规定的其他重大事项。

第十七条：董事会每年至少召开两次会议，有下列情况之一的召开临时会议。

（1）董事长认为有必要时；

（2）经三分之一以上董事组成人员提议时。

第十八条：董事会设董事长一名，由出资人担任；

第十九条：董事长行使下列权利：

（1）召集和主持董事会议；

（2）落实检查董事会决议的实施情况；

（3）法律、法规和学校章程规定的有关权力。

第二十条：董事会实行一人一票制和按出席人数，少数服从多数；（当赞成票和反对票相等时，由董事长做出最后决定。）但讨论以下重大事项，应当经三分之二以上组成成员同意方可通过。

（1）聘任、解聘校长；

（2）修改学校章程；

（3）制订发展规划；

（4）审核预算、决算；

（5）决定学校的分立、合并、终止等其他重要变更事项。

第二十一条：董事会会议应当制作会议记录。形成决议的，应当当场制作会议纪要，并由出席会议的董事审阅、签名。董事会决议违反法律、法规或章程，致使本学校遭受损失的，参与决议的董事应当承担责任。但经证明，在表决时反对并记载会议记录的，该董事可免除责任。董事因故不能出席会议，可书面委托其他董事代为出席董事会议，委托书必须指明授权范围。

第二十二条：出席董事会的人数须为全体董事人数的二分之一以上，不够二分之一时，通过的决议无效。如经缺席的董事追认的人数超过二分之一时，其决议有效。

第二十三条：董事会会议对所议事项做会议记录，出席会议的董事须在会议记录上签名。董事对董事会议的决议承担责任。董事会的会议记录由董事长指定的人员存档保管。

第二十四条：学校设具有校长任职资格的校长一名。校长由董事会聘任或解聘。

第二十五条：校长对董事会负责，并行使以下职权：

（1）执行学校董事会的决定；

（2）实施发展规划，拟定年度工作计划、财务预算和学校规章制度；

（3）聘任和解聘学校工作人员，实施奖惩；

（4）组织教育教学、科学研究活动，保证教育教学质量；

（5）负责学校的日常工作。

第二十六条：校长在行使职权时，不得变更董事会的决议和超越授权范围。

第二十七条：学校设2名监事，监事在举办者、学校从业人员中产生和更换。监事负责对董事会成员及其他管理人员进行监督。

监事行使下列职权：

（1）检查学校的财务；

（2）对董事、学校主要领导执行职务时违反法律、法规或章程的行为进行监督；

（3）当董事和校长的行为损害学校的利益时，要求董事和校长予以纠正；

监事的任期每届 3 年，任期届满，可连选连任。监事不得兼任学校董事、校长及财务负责人。

第四章 学校的法定代表人

第二十八条：出资人为学校的法定代表人。

第二十九条：学校的法定代表人必须具备下列条件：

（1）坚持党的路线、方针、政策，政治素质好；

（2）身体健康，能坚持正常工作；

（3）未受过剥夺政治权利终身的刑事处罚；

（4）具有完全民事行为能力。

第五章 学校资产与财务管理

第三十条：学校资产来源为举办者自愿出资。学校出资情况如下：

举办者自愿以货币形式出资 50 万元，后自愿以货币形式出资 90 万元用于扩大办学规模（其他投资另计）。

第三十一条：学校的办学资金主要用于学校的校园校舍建设、教育教学设备购置，教职员工工资、福利、缴纳社会保险费，教师培训，教育教研活动，招生宣传，备用流动资金等。任何单位和个人不得侵占、私分或挪用学校的资产。

第三十二条：学校严格按照国家有关规定向学生收取各项费用，收取的费用用于教育教学活动和改善办学条件。

第三十三条：学校配备具有专业资格的会计人员，会计人员不得兼任出纳，会计人员进行会计核算，实行会计监督。会计人员调动工作或离职时，必须与接管人员办清交接手续。

第三十四条：学校建立严格的财务管理制度，保证会计资料合法、真实、准确、完整，并依法执行国家税收政策；每个会计年度结束后，将财务会计报告交审批机关备案。学校分立、合并、变更举办者、更换法定代表人之前必须进行财务审计。

第三十五条：学校的管理执行国家规定的财务管理制度，接受政府财税部门的监督，接受法定审计机构的年度审计。

第六章 办学结余及分配

第三十六条：学校有办学结余的情况下，出资人不要求取得合理回报。

第三十七条：办学结余是指学校扣除办学成本等形式的年度净收益，扣除社会捐助、国家资助的资产，并依法从年度净收益中按不低于25%的比例预留发展资金以及按照国家有关规定提取其他必需费用后的余额。

第三十八条：学校提取的发展基金，用于学校的建设、维护和教学设备的添置、更新等。

第七章 终止程序及终止后资产处理

第三十九条：学校完成宗旨要求，自行终止，或者由于分立、合并等原因需要注销的，由举办者提出终止提议，经办学董事会同意并报请审批机关批准。

第四十条：在终止前，须在审批机关及其他政府有关部门指导下成立清算小组，清理债权债务，处理善后事宜。清算期间，不得开展清算以外的活动。

第四十一条：学校处理所有善后事宜后，向审批机关申请注销登记。审批机关同意后，到登记管理机关办理注销登记。

第四十二条：学校被吊销办学许可证或资不抵债无法继续办学的，按照有关法律、法规的规定进行清算。

第四十三条：学校终止后，学校的财产按下列顺序清偿：

（1）退还学生的学费、杂费和其他费用；

（2）发放教职工的工资及应交纳的社会保险费用；

（3）偿还其他债务。

学校清偿上述债务后的剩余，按照有关法律、法规的规定处理。

第四十四条：学校自登记管理机关发出注销登记证明文件之日起，即为终止。

第八章　附则

第四十五条：章程的修改，须经董事会表决通过。修改后的章程，经审批机关同意于 30 日内报登记管理机关核准后生效。

第四十六条：本章程的解释权属学校董事会

第四十七条：本章程与国家法律法规相抵触的，以国家法律、法规为准。

第四十八条：本章程自审批、登记管理机关核准之日起生效。

学校举办者签名。

第二节　治理模式

校园是学生和美乐学的园地，是基层教育的基本单元。我校把"学生"作为工作的出发点和落脚点，深入推进"以人为本，突出个性发展，培养诚善进取、睿智尚美的时代新人"的育人目标，权力下放引领一线教师治理体制机制创新，推动权责资源向一线下沉，不断提升一线教师现代化教学水平。

在国家教育不断地迈向现代化的大背景下，思考如何继续推进联升小学现代化建设，是做好新时代改革再出发顶层设计的核心问题。只有学校的现代治理之路走好了，学校现代化建设才有可能真正实现。联升小学站在办学十五年的历史节点上，放眼学校未来发展，我们从办学的四个核心要素出发，开展学校现代化治理的实践工作。

一、丰富和发展"崇和悦上"指向的办学理念

学校是汇集文化的育人圣地，是传播智慧的快乐源泉。文化育人是一种既古老又崭新的教育理念，自古以来即是教育的核心。学校因文化而育人，学校因文化而成名，学校因文化而恒久。学校文化重在建设，文化建设不但能为学校树立完整的文化形象，而且保障了教育的持续发展和育人目标的顺利实现。

学校的办学理念是学校文化建设的核心和灵魂，是学校在长期的教育教学过程中形成的共有的和共享的理想和信念，是学校可持续发展的方向性保证和决定性因素。富有魅力的办学理念会衍生出一股强大的文化力，它无时不在，犹如春雨润物般，无声无息地飘落到校园的每一个角落，能使学校的品质卓然，绽放个性神采。

办学理念：崇和悦上

（一）定义

办学理念通俗地说就是创办学校的出发点。办学理念是学校的灵魂，具体体现在办学目标、校训、校风、校规、校歌、校徽等方面。每一方面都应当精雕细刻，力求使办学理念在实践中达到完美。先进的办学理念对

内是凝聚力、向心力，对外就是核心竞争力和品牌。

（二）东莞市联升小学办学理念

崇和悦上。

（三）阐释

"崇"释为尊崇，推崇，重视。取意《汉书·郊祀志》中的"崇"字之意。

"悦"释为喜、喜欢。引自司马迁《报任少卿书》中的"悦"字之意。

"和"指和谐、融洽、联合之意。《墨子·尚同》中"内之父子兄弟作怨（雠），皆有离散之心，不能相和合"，说的是家庭和谐的问题。在学校教育中体现为师生间、师师间、生生间、家校间、师生与环境间的和谐，相互尊重，平等相处，和和睦睦，和和美美，体现团结友爱、互帮互助，我中有你，你中有我，我为人人，人人为我的精神。

"和"也可理解为均衡、全面之意。这正好是学校教育要培养学生德、智、体、美、劳全面、均衡发展的要求。

"和"还符合继承中华优秀传承文化"尚和合"的时代要求。"和合"语出《国语》《管子》。"和"表示不同事物、不同观点的相互补充，是新事物生成的规律。"和""合"互通，意为"相异相补，相辅相成，在追求真理的道路上和谐共进"。这正是教育追求真善美的理念和具体要求。

"上"释为向上、上升、登上。从王之涣《登鹳雀楼》中"欲穷千里目，更上一层楼"的"上"字中取意。意指培养像旭日东升那样充满朝气、活力和自信，不断积极进取、勇于攀峰的联升人。

"上"通"尚"。崇尚、尊敬。见于《史记·秦始皇本纪》中"上农除末，黔首是富"的"上"字释义。表达了联升人对崇高品德和高尚情操的强烈追求。

崇和悦上就是在推崇和谐、合作、融洽、平等、均衡的基础上，形成文明有礼、诚善进取、阳光快乐的文化精神。

联升小学以"联升"命名，"联"即联结、联合之意，与"和"意义相通；"升"即上升，升起之意，与"上"意义相通。因此，"联升"与"崇和悦上"的含义有异曲同工之妙，既继承传统，又根据学校校名的意义，立足学校现状，确立了"崇和悦上"这个办学理念。"崇和悦上"就是"尊崇和谐、注重全面，喜欢积极向上和开拓进取"之意，这是时代发展的要求，传统文化继承和发展的要求，教育发展的要求，也是联升学校创立的本意之所在，更是全体教职员工、全体学生和家长的共同心愿。联升学校以"崇和悦上"作为办学理念和行动指南，打造学校独特个性，铸就联升文化品牌。通过建设和谐的教师队伍、师生群体及和乐的校园，逐渐形成学校自身的文化品牌，办有灵魂、有特色的学校。

二、提升和完善"以人为本"现代治理体系

悦，即喜欢、愉悦、高兴、阳光、积极向上的全面协调发展；上，即正能量，上升力量、积极态度和自信的表现。悦上，就是要在学校德育活动中和家庭教育中，创造宽松的学习环境，让学生在愉悦的氛围里，快乐地学习，积极地体验，健康地成长。最终把学生培养成诚善进取，心悦尚美的联升人。

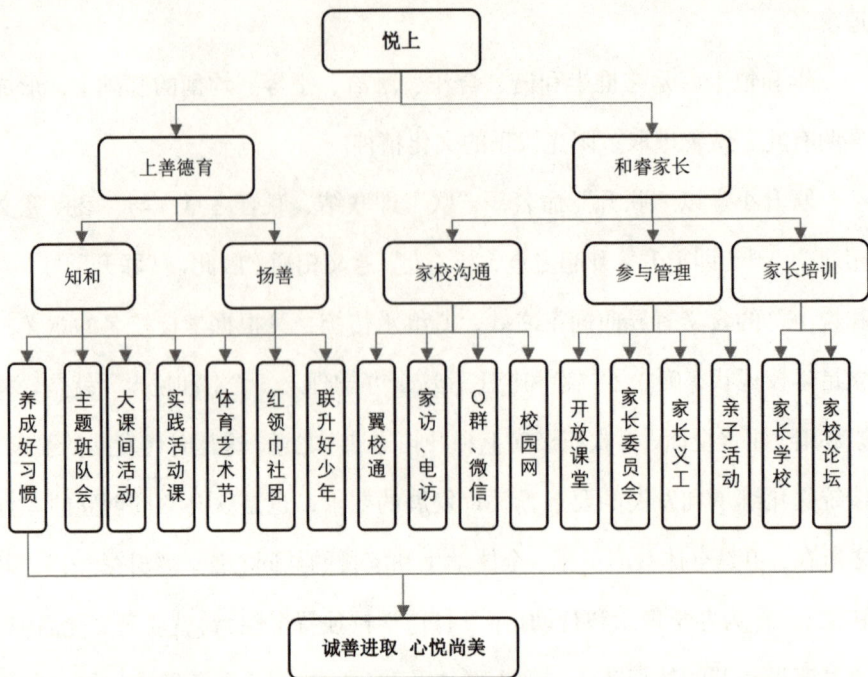

图 2-1 联升小学"悦上"理念

（一）上善德育

上善即至善，极致的美。《老子》："上善若水，水善利万物而不争。"既弘扬水的精神，又道出了一种处世哲学：做人应该像水一样，要有极大的可塑性，至柔之中又有至刚、至净、能容、能大的胸襟和气度。《吾思·圣神贤》诗曰："知善致善，是为上善。性勿恶，形勿舍。省勿止，神勿折。"知道了善的价值与本义，又致力于通过行动去追索、实现它，就已经算得上是至善尽美了。圣贤之所以成为圣贤，那是因为他们不断地使性情保持恭良温逊乃至尊敬不恶。他们每天夜以继日地致力学习、实践、辩证怀疑，每天不断地交流、审问以反思自己，为的就是让行为有所彰显、感应。"上善若水"最高境界的善行，就像水的品性一样，泽被万物而不争名利。培养学生避高趋下的谦逊，奔流到海的追求，刚柔相济的能力，海纳百川般大度，滴水穿石的毅力。

上善德育包括"知和""扬善"两部分。"知"是知道、了解、理解，"和"是和谐、融洽、全面、协调。"知和"是从认知的层面学习、理解并践行"和心中节的心灵观""和爱公正的道德观""和谐共处的价值观"。主要通过礼仪教育、习惯教育、主题班中队会等方式来进行。"扬"高举、向上、传播、倡导之意，既表明学校颂扬善的德育目标，又强调"向上"的积极态度。"善"，德之建也。是一个人良好品德的基础。"扬善"是从活动体验中、生活实践中让学生感受善、学习善、感悟善，最终转化为行为"善行"。主要通过大课间活动、实践活动课、体育艺术节、红领巾社团和联升好少年评比活动等形式来进行。"知和"与"扬善"虽然是分别从知、行两方面来进行，但两者并不是独立的，而是相辅相成的，是一个完整的整体，共同构成扎扎实实的、有效开展学校德育体系，让学生真正做到向善、向美、快乐成长的和谐发展。

课内外礼仪，开展具有特色的开学典礼、结业典礼、开笔礼、毕业典礼、升旗仪式、入队仪式、校庆仪式，以及课前准备礼、上课互敬礼、上课问答礼、下课互谢礼等课堂礼仪，让学生在庄严的仪式中认知、体验和内化，从而促进良好品德的形成。

1. 培养好习惯

习惯是养成教育的产物，它往往起源于看似不经意的小事，却蕴含了足以改变人类命运的巨大能量。培养好习惯的目的是培养学生的上善人格，我们应该继承和发扬这些传统美德。学校注重人与人的和谐交往，通过"重阳敬老""给妈妈洗脚""献给老师的贺卡""争做文明小使者"等活动，让学生养成尊老爱幼、孝敬父母、团结友爱、文明有礼的好习惯。学校还注重人与环境的融洽，环境的重要性是不可估量的，是人类生存、繁衍和发展的摇篮，我们通过在"世界环境日""保护水资源""护绿小使者"等各种活动来引导学生注重环境卫生、爱护公物、保护花草树木不受伤害、关爱动物，从小养成人与自然和谐相处的思维方式，让我们从身边的小事做起。

2. 主题班队会

主题班队会是班级教育活动的形式之一，是班主任根据教育、教学要求和班级学生的实际情况确立主题、围绕主题开展的一种班会活动。学校着力挖掘班队活动潜力，通过主题班队会等活动形式开展树理想、爱科学、重知识、拒毒品、献爱心、净校园，做主人、懂安全及爱国、守纪、诚信、知礼等系列专题教育活动，澄清是非、提高认识、开展教育。使学生行为规范得以养成，法制观念进一步得到加强。把学生培养成一个具有诚实有礼、乐于助人、团结友善的高尚品德的人，一起营造一个文明、和谐、融洽的校园环境。

3. 大课间活动

体育活动的多元化，组织形式的多样化使得学生的智力水平、道德水平和心理水平、良好的社会适应能力等各个方面都得到了一定程度的提高和发展。融合了体育、音乐、美术，以走、蹲、站、跑、花样跳绳，队列变换，放松操等多种活泼的形式，在开放的空间让儿童舒展生命，张扬个性。

4. 实践活动课

通过组织开展实践活动，让学生走向自然，走向社会，增长才干，培养品格，不仅能全面落实新课程目标，更重要的是能够使学生获得自主发展的体验，提高个人综合素质。学校通过体验军营文化生活，培养学生严谨的性格，参观污水处理厂，虎门硝烟，消防基地，打扫社区卫生，劳动实践基地开展种植劳动等活动培养学生劳动意识；关爱孤寡老人，参观革命教育基地，缅怀先烈，学习先烈红色精神；参观科技德育基地，树立远大的目标，培养学生的科研意识。实现学习书本知识与投身社会实践的紧密结合，促进德、智、体、美、劳教育在实践活动中相互渗透，有效促进学生的健康成长和全面发展。

5. 体育艺术节

激发学生对健体的兴趣和爱好，培养学生的艺术涵养和道德、意志品质，提高学生发现美、欣赏美的水平，是培养全面发展的一个重要方面。既展现我校充满活力、积极向上的风采，又营造和谐的文化氛围，打造和谐校园，是展示联升文化的一个独特的平台。

6. 红领巾小社团

红领巾小社团作为德育的重要载体，是一个具有强大生命力的组织。为了培养"诚善进取 心悦尚美"的目标，开发学生的内在潜力，联升小学开设了语言文学类、体育类、艺术类、综合类等十个小社团（联升之音广播站、小记者、花样跳绳、舞蹈队、武术队、英语小剧社、篮球队、美术书法社、课堂剧组、棋艺社），传递学习方法，培养学习兴趣，引导学生快乐交往，和谐共进。

7. 联升好少年

为进一步激发少年儿童自身的积极性，学校还设立了评价激励机制，由班级、年级、校级三级递进，展开好少年星级评比活动。活动着眼于儿童的思想意识、思想道德素质、科学文化素质和健康素质等方面的要求，给脱颖而出的学生授予"悦上"奖章以资鼓励，给予德、智、体、美、劳全面发展的学生评为"联升好少年"的荣誉称号。

（二）和睿家长

"和睿"家长的"和"，取和蔼（性情温和，态度可亲）、和谐（和睦协调）、和乐（和睦快乐）、和气（态度平顺温和）、和善（温和而善良）之义；"睿"，有明智、智慧之义，但非指具有高等学历或者家学渊源。"睿"从目，目的作用是明察，合起来表示通达、明智，即见识卓越、富有远见。表示看得深远，英明有远见，通达。人之为学思考，要通达向上，即古人所谓希圣希贤。取和睿之义，是希望我们的家长在新的时期里能及时更新教育观念，在教育孩子的问题上与学校积极、主动地合作。在家是开明、智慧的家长，在校是通达、有远见的家长。

1.家校沟通

百年大计，教育为本，中小学生的成长和教育问题已成为目前政府、学校、家长以及全社会广泛关注的问题，家长和学校之间的及时沟通和互动，逐渐成为家校双方及时掌握处理校园突发事件和掌握学生日常情况的一项必备手段。学校利用校园网、翼校通、校园微信、班级 QQ 群、家访电访等方式，构建家校互动平台，实现学校、老师、学生、家长之间在管理、沟通、学习等方面的数字化、智能化与快捷化，营造全员关爱学生、教育学生的德育氛围，提高社会与家长对学校教育的满意程度。

2.参与管理

家长是学校教育的服务对象，又是学校教育的受益人，家长在不同程度上参与学校管理工作，体验在学校健康发展中，自己作为其中一分子而产生的强烈的责任感和成就感。以家长委员会（校、班）作为学校与广大学生家长的桥梁和纽带，通过每学年一次的开放课堂，让更多的家长参与到课堂中来，同时，充分发挥家长在孩子成长过程中的有利资源，邀请家长送课、成立家长义工、举办各种亲子活动，让家长参与和体验教育孩子的喜与乐，让孩子成长的点滴都成为自己美好的记忆。

3. 家长培训

成功源于家庭，教育改变命运。父母作为孩子的第一任老师，对孩子的教育将影响到孩子的一生。父母，决定着孩子的未来。通过建立和完善"家长学校""家教论坛""家教宣传"等阵地和制度，引导家长树立正确的教育观念，掌握科学的教育知识和方法，全面提高家长的教育素养和家庭教育的质量与水平，努力"把家长培养成教师的助教"，最终实现家校共育为孩子的目的。

三、调整和优化"以生为本"的现代课程与教学

"崇"，既有尊崇、推崇之意，又有高尚、至高之说。儒家学派创始人孔子以"和"作为人文精神的核心。和，和谐也，包含三个方面的含义：和达共赢的发展观、和心中节的心灵观、和爱公正的道德观，这与我校"厚德博学、和美乐教"的教风不谋而合。"崇和"就是推崇一种具有整体性、尊重差异、和而不同、和合而生的教学方式。

```
                            崇和
                             |
            ┌────────────────┴────────────────┐
         和谐课堂                          和雅教师
            |                                |
     ┌──────┴──────┐                 ┌───────┴───────┐
  基础课程      校本课程           校本教研        校本培训
     |            |                  |               |
 ┌──┬┴─┬──┐  ┌──┬─┬─┬──┐      ┌──┬─┬─┬──┐   ┌──┬─┬─┬──┐
 家  合  个  弘  诚  绳  舞   主  集  同  反   跟  抱  专  名
 教  作  性  扬  善  采  动   题  体  课  思   岗  团  家  师
 于  学  发  国  教  飞  人   研  备  异  交   学  成  引  培
 乐  习  展  粹  育  扬  生   究  课  构  流   习  长  领  养
```

和谐高效　悦教乐学

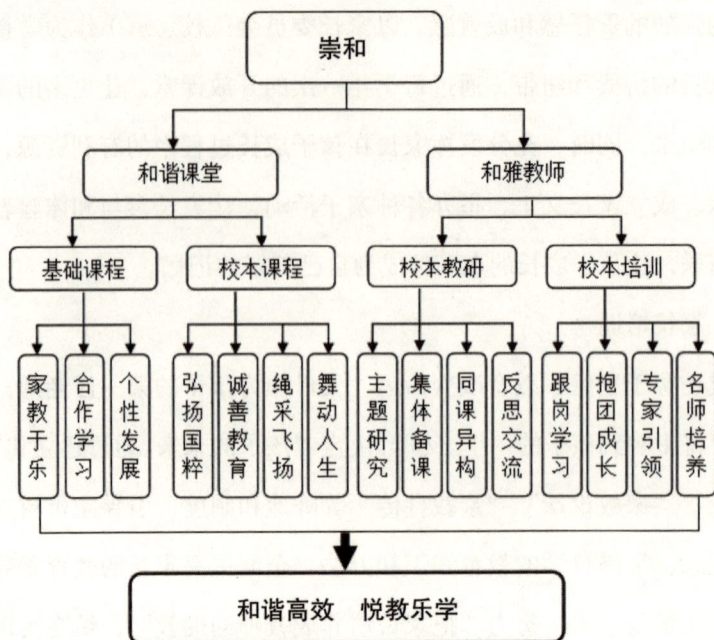

图 2-2　联升小学"崇和"理念

（一）和谐课堂

"和谐"就是和睦、协调，友善、合作，相辅相成，"和谐课堂"就是积极展现融洽的师生关系、民主的学习方式、灵活的教学方法。构建"寓教于乐""合作学习""个性发展"的课堂教学，让学生在愉悦的课堂上通过相互尊重、平等交流、合作探究的方式进行学习，激发学生自主学习的欲望和热情，使学生在获得知识的同时，又可以开发出自身最大的思维潜能。和谐课堂包括两个方面：一是国家课程计划的基础课程，二是结合学校实际所开设的校本课程。

1. 基础课程

基础课程是指为学生继续学习提供基础知识与基本技能，培养学生能力与素质而设计安排的一组系列课程或一个课程群。课堂上，让学生在合作中展现自己的个性，在交流中体会学习的乐趣。

（1）寓教于乐。"教"，既指社会道德教育，又指文化开发，"教"的功效应是崇尚美德，促使人接受文明。"寓教于乐"突出了现代教育的特点：教学中所包含的真、善、美必须通过明晰的个性化，教师能在乐趣中教学，让学生在乐趣中获取知识。教育家苏霍姆林斯基指出："如果教师不想办法使学生产生情绪高昂和智力振奋的内心状态，就急于传授知识，不动情感的脑力劳动就会带来疲倦。没有欢欣鼓舞的心情，没有学习兴趣，学习就会成为学生的沉重负担。"①我们的教学要根据学生的年龄特点出发，增强课堂教学的趣味性，寓学习于快乐的探究之中，唤起学生的学习兴趣。还原于和谐、真切的课堂，提升学生的认知能力，挖掘学生的潜力，促进学生在课堂中身心均衡发展。

（2）合作学习。合作学习作为新课程改革三大学习方式之一，自实施以来就因其能大面积地提高学业成绩和大幅度地增强学习兴趣、自信心和融洽的人际关系等非智力因素，备受广大师生所喜爱。我校在"崇和悦上"这一理念的指引下，倡导和合共生，与合作学习的方式不谋而合，合作学习自然就成为我校课堂教学的主要模式。通过合作学习，培养学生的团队合作精神和竞争意识，发展交往与审美能力，增强学生的责任感，从而使学生从"要我学"到"我要学"的转变，突出学生的主体地位，让每个学生都投入学习中来，在合作中学会倾听、表达与交流，使学生在多维互动，相互取长补短的过程中达到和谐进取的效果，创造共同学习、共同进步的

---

① 瓦·阿·苏霍姆林斯基. 给教师的建议［M］. 教育科学出版社，1984.

愉悦气氛，充分体现了我校"进取、睿智"的办学目标。

（3）个性发展。在"寓教于乐"的民主和谐的氛围中，在"合作学习"的自由开放的学习环境中，在充分尊重学生个性差异发展的理念指导下，学生独特的个性就能得到充分的培养和表现。"个性发展"既是"寓教于乐""合作学习"的必然结果，又是"崇和"的教学目标。要求教师在授业解惑、学生获取真知的课堂上，帮助学生寻找最适合自己个性的学习方式，创造课堂的独特性、和谐性、主体性，让学生自主学习，提高学习效率，让学生个性发展的同时达到睿智的高度。

2. 校本课程

校本课程是在学校本土生成的，既能体现我校的办学宗旨和我校的资源优势，又能与国家课程、地方课程紧密结合的一种具有多样性和可选择性的课程。我们在"崇和悦上"的指引下，围绕"诚善进取 睿智尚美"这一目标有针对性地开发校本课程，形成体现"和"与"上"精神的课程文化。

（1）弘扬国粹。"弘扬国粹，传承经典"作为学校"崇和"特色教学的重点。为弘扬中华传统文化，加强学校学生思想道德教育和艺术素质教育，提高学生文化素养，养成良好行为习惯，学校成立专门的社团，开展"爱我国粹"教育，开设武术、书法、二胡等形式多样的校本课程。弘扬国粹不但培养了学生的传统文化底蕴和优雅情怀，促进学生综合素质的和谐发展，营造良好的校园文化氛围，而且与培养尚美联升人的办学目标一脉相承。

（2）诚善教育。诚乃诚实，善乃友善。"诚"是内诚于己，诚实无欺，诚实做人，诚实做事，实事求是；"善"，德之建也。善良、友善、行善是一个人良好品德的基础。诚实、守信、友善是中华民族的传统美德，也是真善美的具体体现，更是公民道德规范的基本要求。我校课本课程以诚善教育为主线，以触动、内化教育为主旨，以外显优良言行为标准，运用"诚善"的教育理念开展手拉手活动，让学生在活动中去体验，领悟道理，从而养成良好的行为习惯、健康的情感态度，内化学校"诚善"教育特色。

（3）绳采飞扬。学校积极开展具有活力的花样跳绳活动，让学生领略体育的快乐。通过健体—动脑—实践—体验四个层次的不断提升，不仅让学生掌握体育技能，提高身体素质，还培养了学生的平衡感和节奏感；通过个人跳绳—自愿组合—重组创新—分组展示的教学流程，学生能自觉地形成组织自律性，培养团结合作精神和集体主义观念，形成人人健体的良好风尚和积极进取、不屈不挠的体育精神，达到育人、育智、育心的功能。

（4）舞动人生。学校为了发扬中华民族的传统体育特色，促进学生的身心发展，培养学生积极进取、乐观向上、热爱生活的审美观和价值观，丰富学生的想象力和创造力。专门开设拉丁舞、民族舞、爵士舞、街舞等课程，通过大课间、第二课堂、课余学习等多种形式，让学生在和谐的校园环境中感受高雅艺术的魅力，体会中华民族文化精神，形成一种和美风尚。

（二）和雅教师

"和"即"和谐"，和睦相处、谦和待人、合作学习。诸葛亮在《出师表》中提及"察纳雅言"，"雅"取"正确的，合乎规范的"的意思；"雅"还可以取"高雅、高尚、不俗"之义（王勃《滕王阁序》），"和雅"就是希望教师在和睦的工作氛围中学会谦让，以合作的形式相互学习，成为内外兼修、德艺双馨的和雅之师。再者，基于"和"的教育理念，"和雅教师"应当具有温和、谦和、博学、高雅的特质。所以，在教研活动中，教师要善于自主学习，合作学习，勤于反思，对待学生和同事要和蔼可亲，善于以和风细雨般的方式教育学生、协调同事间的关系，营造和和美美的学习环境与工作氛围，教师能从中体会到教书的乐趣，从心底里爱上自己的职业。我校拟通过实行校本教研、校本培训，利用集体备课、主题研究、同课异构等载体，提高教师的学习能力，为成为和雅教师奠定基础。

1. 校本教研

和雅的教育技能既需要深厚的文化底蕴，又离不开扎实的专业技能。我校以"和而友爱、雅而厚德"的价值追求，针对教师需要提升的专业知识、技能、素养等问题，结合本校校本教研实际，通过反思交流、集体备课、同课异构、主题教研等自主发展活动，促进教师专业发展，"让教师从优秀走向和雅"。

（1）反思交流。当反思成为校本教研中牢固的一部分时，校本教研才会充满教学活力。根据我校的实际情况和教师自己所面对的具体问题，鼓励教师通过自我反思、合作交流来提高专业知识。要求教师每节新授课必写反思，公开课后必交流，不仅使教师养成自我反思的习惯，提高理论和实践相结合的能力，同时也能加强教师间的交流与合作。

（2）集体备课。集体备课由教研组长具体主持，各组员按照"二研""三定"的原则进行活动准备，明确集体活动的"四定"：定时间、定地点、定内容、定中心发言人。讨论中心发言人提出的备课提纲时，应包括备重点、备难点、备教法、备作业（还应包含单元检测）。讨论时要充分发扬学术民主，允许不同意见的争鸣。根据集体备课要按照个人初备—集体研讨—修正教案—课后交流、反思的基本程序，充分体现

"五统一"：统一教学思想，统一"双基"（基础知识、基础技能）"双力"（智力、能力）和"双育"（德育、智育）的内容与要求，统一课时安排，统一达标题目，统一考核要求，同时提出改进教学方法的建议。

（3）同课异构。"同课异构"在对教材的把握和教学方法的设计上强调"同中求异、异中求同"。"同课异构"活动本身的属性充分展现了教师风采的多样化。教师们通过讲课、说课与听课等形式进行相互"比较"，找到自己在教学过程中的不足和有待提高的地方，学习别人的长处，促进教师教学能力的提高。

（4）主题教研。主题教研是从教学存在的问题中提炼出来的，是为解决教学中的问题而确定的，围绕主题，让教师形成一个"是什么、怎么做、为什么"的系统分析过程。每个教研组根据平时教学工作、教研活动中遇到 的问题进行整合，确定教研主题再进行研究。在实践的过程中，我们强调 教师之间的协作，资源共享，更新教师的观点，在教学水平不断提升的同时， 克服职业倦怠，推动着全体教师齐头并进向前发展。

2. 校本培训

校本培训是指以学校为单位，面向教师的学习方式，内容以学校的需求和教学方针为中心，目的是提高教师的业务水平和教育教学能力。通过以抱团成长、跟岗学习为主，专家引领为纲的培训方式，充分体现学校的需求和教学方针，最终实现名师培养，达到和雅教师的最佳状态。

（1）跟岗学习。通过外出培训、校校合作、送课等方式提高教师的教学能力，为成为和雅教师奠定基础。同时在学习、借鉴的过程中，学习科学化和现代化的教学手段，加强理论学习和教学研究，增强教研意识，转变教育教学观念，积极践行新课改。

（2）抱团成长。充分发挥教师的群体合作力，积极创设条件助力教师抱团成长。通过大力开展"青蓝结对"工程，充分发挥学校教学骨干教师、学科带头人的引领及"传、帮、带"作用，推动全校师资力量的整体提升。

（3）专家引领。通过名师引领，深化课堂教学研究，优化课堂教学结构，促进课堂教学改革和教师的专业成长。学校聘请各学科的专家为教师传授经验、排忧解难，指导教师上课，课后剖析课堂教学过程，分析教学效果，找出差距，制订改进措施，提高教学水平，为成为和雅之师奠定基础。

（4）名师培养。为了加快教育发展的步伐，提高教师队伍整体素质，提高教学质量，结合本校的发展实际，培养一定数量的骨干教师、教学能手、教学名师，充分发挥名师在教育教学中的作用，培养更多的"和雅之师"，为"抱团成长"储备更多的力量，从而带动和促进全校教师队伍整体水平的提高，推动学校教育事业的稳步发展。

四、改善和提升"以儿童为中心"的现代生态校园

校园是师生栖息之地，其设备设施是教育教学的重要物质保障。联升小学是广东省教育信息化试点学校，不但无线网络全覆盖，建立了网站、微信公众号，还实行了电子档案管理和智慧校园办公管理等。在此基础上，联升小学还将根据现代学校建设的需要，突出以儿童友好型、平安健康型、绿色生态型、书香智慧型、中西文化融合型为主题的校园文化氛围，为师生发展提供良好的隐性课程。当然，在这些设备设施的配置过程中，我们要强调充足、效率和公平三大基本原则。

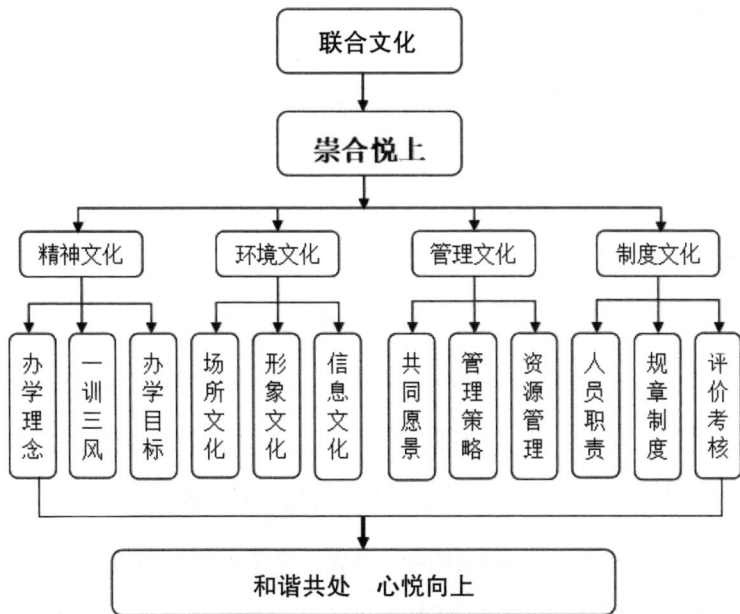

图 2-3 联升小学文化理念

总之，推进新时代联升小学现代学校建设既是我们的当下之需，又是我们面向未来的突破之路。只有在这条路上行稳致远，我们才能实现学校现代化发展的最终目标——培养适应未来和引领未来发展的中国人！

第三节 发展规划

发展规划作为一种战略性、前瞻性、导向性的公共政策，我校立足于我国教育发展规划研究的现状和未来演变趋势，十分重视发展规划的引领地位，从理论基础、科学方法和学科共识，系统梳理了我校发展规划理论的脉络，分析了我校规划体系的现状，探索了未来的改革方向。

一、规划期

2014 年 8 月至 2019 年 8 月。

二、学校现状

学校概况：联升小学历经 8 年的艰苦创业，积淀了较为深厚的教育底蕴，教学特色越来越突出。学校现占地面积 20 829 平方米，建筑面积 9 600 平方米，绿化面积 2 000 平方米。共有 30 个教学班，在校学生 1 510 人，专职教师 61 人，全部大专及以上学历，学历合格率达 100%。学校现有各类功能室 36 个，开设各种兴趣活动班 48 个。

存在不足：浓厚的学习氛围尚未形成；学生的养成教育及心理素质有待进一步提高；教师的教育科研观念和教学理念有待转变；校园文化建设有待进一步加强；德育工作还不够完善；我校对家长的培育模式没有形成一套行之有效的理论，还处于摸索阶段；图书、仪器的使用率和效果不高。

三、学校发展思路

（一）办学目标

秉承"以人为本，坚持德育为先；突出个性，促进和谐发展"为办学宗旨，坚持实施科研带动策略，完善学校的课程体系，以素质教育思想为指导，逐步确立和践行"崇和悦上"，促进学校稳步发展。

（二）发展动力

以"深入开展教育科研，全面构建学校文化"为学校发展动力，在研究、探索、完善、提高中促进学校整体发展，以达到规划目标。

四、学校发展目标

（一）总目标

践行"崇和悦上"管理体系、文化体系，形成良好的办学特色，从构建和谐课堂，打造和雅教师、培养和美学生、凝聚和睿家长等方面入手，以教育科研为学校发展的引领，创建市一级学校；打造市级名优学校。

（二）学校发展具体目标

1. 学生素质培养目标

具有一定综合素质的全面发展、和谐发展和可持续发展的创新型小学生，为学生的终身发展奠定坚实的基础。使学生思想品德合格率达100%，体质健康率达98%以上，学业合格率100%，成为真正的"和美学生"。

2. 教师素质培养目标

以培养一支"有现代教育理念、师德高尚、业务过硬、创新高效"的爱事业、爱学校、爱学生的学习型的教师队伍，从而达到"和雅教师"的标准。培养3～5名镇级以上学科带头人。

3. 教学质量管理目标

在3到5年内，课堂教学和谐高效，让课堂成为师生合作探索、个性发展、教学相长、共同进步的实战基地。力争教育教学质量达到镇前列，学校第二课堂规范化、常态化、高效化。力争入学率100%、巩固率100%、培养学生毕业率100%、优生率达70%、合格率100%。

4. 家长教育管理目标

做好家访工作，上好每期的家长第一课，做好家校联谊工作，充分发挥家长委员会的凝聚和宣传作用。让家长快速进步成长，在极大限度内配合学校共同完成教育学生的任务。力争在 3 到 5 年内使 80% 以上的家长达到"和睿家长"的标准。

5.构建学校文化管理目标

以师生的和谐发展为前提,硬件设施定期更新、完善。开展征文、演讲比赛,举办体育节、艺术节、科技活动、读书节活动等,使学校环境最优化,寓教育于物质文化建设中,达到师生文明、心理健康、校园和谐、平安奋进。

(三)阶段性目标

第一阶段:(2014 年 8 月至 2015 年 8 月,科研课题的确立阶段)

成立组织机构,制订规范方案,确立《践行"崇和悦上"办学理念,促进民办学校内涵发展的实践研究》课题研究,制订《联升小学五年发展规划》,明确办学理念和"三风一训",规范师生教学行为,加强学生养成教育、强化师德师风建设。完善机制、增加设施,使学校各方面工作在原有基础上有所进步。确立争创市一级学校的奋斗目标。

第二阶段:(2015 年 8 月至 2016 年 8 月,科研课题的实践研究阶段)

进一步强化"三风一训"建设;进一步规范学生行为,加大学生养成教育力度;课堂教学以高效为突破口,增强教师的教研意识,形成教育科研氛围,教研有成果;进一步完善规章制度,增加学校功能室设备,第二课堂规范化、合理化、常态化,使学校各方面工作迈上新台阶。创建市一级学校并努力通过验收达标。

第三阶段:(2016 年 8 月至 2017 年 8 月,科研课题的实践研究阶段)

"三风"初步形成,学生素质显著提高,学生品德合格率 100%;体质健康率达 98% 以上,学业合格率达 100%;教师师德高尚、业务过硬、教研意识强、爱岗敬业；学校制度完善、管理科学、各方面工作更进一步；科研出成果，课题结题。争创东莞市名校。

第四阶段：（2017年8月至2018年8月，办学理念实践与检验阶段）查漏补缺、完善整改。创建市级名优学校。

第五阶段：（2018年8月至2019年8月，办学理念实践与检验阶段）形成教育教学设施设备完善、校园环境优美、人际关系和谐、学生习惯良好、教师爱岗乐教、家长思睿上进、社会高度好评的一所市级名校。

五、学校发展的策略与措施

（一）组织保障

1.学校成立发展规划和课题研究领导小组

组长：校长。

成员：各中心负责人。

2.五年发展规划工作小组

组长：校长

成员：全体中心成员、教师代表、家长委员会代表、学生代表等。

（二）资源保障

1.后勤处保障

学校争取董事会的支持，多渠道筹措资金，加大资金投入，不断改善办学条件，提高教师工作积极性，保障教师培训、科研、课改等各项工作顺利开展。

2.制度保障

完善教师的奖励机制，调动教师的工作积极性，使学校核心制度做到科学化、规范化、人文化，积极推进民主管理。

（三）阶段工作落实

第一阶段任务：

（1）开好董事会、校务会、教代会、课题组会等，成立五年发展规划领导小组和工作小组。确立研究课题，明确办学理念；拟定校园"三风一训"内容。制订《联升小学五年发展规划》（规划领导小组）

（2）完善和坚持教育科研学习制度，加强沟通，善于协调；加强培训，不断提高老师的工作能力和教学水平。更新观念，加大课堂教学改革的力度，努力提高教学质量。（教师与成长中心）

（3）抓好教师的继续教育工作，搞好校本培训，鼓励教师外出学习，规范教师的专业语言，提高教师的专业技能。（教师与成长中心）

（4）配置、完善各功能室建设，美化校园环境，保障师生教学工作正常开展。（资源与服务中心）

（5）加强家校联谊，充分发挥家委会的功能，开好家长会，培养家长的思想素质和知识技能；培养学生良好的行为习惯，促进学生养成教育的开展。（学生与发展中心）

（6）抓好国旗下讲话，加强小学生的"三爱、三节"教育；学习《联升小学生守则》《联升小学生行为规范》，引导纠正学生不文明的言行。（少先队、班主任）

（7）利用红领巾广播站、班队会等形式对学生进行日常行为习惯的养成教育。规范"两操一活动"：大课间操、眼保健操、第二课堂活动。注重校园文化建设，全面提高学生综合素质。（体艺组、少先队）

（8）加大安全管理力度，继续开展好安全主题教育和安全演练工作，提高师生安全防范能力和自我保护意识，加大校园安全隐患排查力度，防患于未然，常抓不懈。（安全办）

第二阶段任务：

（1）明确工作思路，加大工作力度。以教科研为工作核心，认真实施课题研究计划，力争本年度内实现课题研究的阶段性成果。（课题组）

（2）加强精神文明建设，促进校园的安全、法制、健康、卫生等。（安全办、少先队）

（3）继续利用好班会、队会等，经常对学生进行日常行为习惯的养成教育。开展"说文明话、行文明事、做文明人"的文明礼仪教育。开展文明班级、学生明星评比等活动，教育学生懂事明理。利用各种节日活动，培养孩子的良好生活习惯和知恩图报的感恩思想。（学生与发展中心、班主任）

（4）狠抓校本培训，积极开展好校本教研活动，以课堂教学为突破，以公开课、观摩课为主阵地，开展教研教改，引领教师走教研之路。鼓励教师学习进修，促进教师专业成长。鼓励教师撰写教学心得、集结论文、发表论文。（教师与成长中心）

（5）坚持"以课题研究为载体，以校本培训为重点，分层要求、分类指导、名师引路、合作提高"的教师队伍建设思路。落实课题规划，分组承担子课题的研究任务。开好课题研究培训会、周期小结会、科组教研会、论文撰写指导会、专家引领点评会等。要求在本年内完成 1 ~ 2 个子课题的立项工作。（课题组）

（6）完善各项制度，加强文化建设。制定教育教学的绩效奖励，激

励教师出成果、见成效。（校委会）

（7）加大对校园的环境美化建设。完善各功能室的设施。搞好校园的卫生、保健。（资源与服务中心）

（8）认真做好"两操一活动"工作，特别加强第二课堂的开展，保障学生综合素质的提高。（学生与发展中心）

（9）做好市一级学校的创建工作并验收成功。（校委会）

第三阶段任务：

（1）校园文化建设

①规范学生课前行为，唱歌、学习用品的摆放等。加强学生视校为家的思想教育。（学生与发展中心）

②开展好"三爱、三节"思想教育活动，养成节俭勤劳、爱护公物的好品质。（少先队、班主任）

③启动校园明星评选活动。开展"感动联升"的"十佳教师""十佳少先队员"评选活动。（校委会办公室）

（2）优化课堂教学，形成联升特色的教学风格。培养一批校级教学能手，向上级推荐学科带头人或教学能手。进军镇级以上名师工作室。（教师与成长中心）

（3）强化师德师风建设，培养德艺双馨的新型教师。（学生与发展中心）

（4）加强家校联谊，开展好家长培训课堂。建好新型的家长学校，定期举办家庭教育专题讲座，努力提高家长育人的能力，开展评选"和睦家长"活动。鼓励家长参与学校管理，加大学校的影响力。（学生与发展中心）

（5）继续完善文化建设，更新教学设施，满足教学需求。（资源与服务中心处）

（6）优化教育途径，充分发挥图书室、阅览室效应，挖掘图书资源，增加学生阅读量，继续开展"假期读一本好书"读书活动，激励学生进步。（少先队）

（7）强化"三风"建设，使学生的学业合格率、品质合格率均达100%，学生体质合格率在98%以上。（办公室）

（8）加大课题研究的深化，加大教科研的投资力度，出成果，保障顺利结题。（课题组）

（9）立足于"与时俱进"，创造条件，争创市名优学校。（校委会）

第四阶段任务：

（1）健全符合教师成长、学生发展的管理评价机制。成立争创市名优学校领导小组。（校委会）

（2）完善健全FTP资源库、学校网站，建立电子图书馆，内有30多万图书供老师、学生们参阅；充分发挥校园信息化的优势，真正实现教学、科研资源共享。

（3）加强课堂教学研究，打造民主高效的"慧课堂"。加强校本教研，结合学校实际编写校本教材，规范教研活动，加强教研组建设，提高解决问题的能力，让教研真正成为教师成长的平台，出能手、出名师。（教师与成长中心）

（4）开展开放的育人行动。坚持开展"与经典同行，做少年君子"活动，让学生真正接受书香校园的熏陶。帮助孩子打好人生的文化底色，

做好正直、正气、正义等品质养成的"热身赛"，让学生学会自我评价，成为校园的主人。（少先队）

（5）加强学校特色建设，让武术与书香充溢校园每个角落。加强并规范班级图书角建设，探索以课堂为主，课外校外为两翼的新的学习模式，进一步提高师生的人文素养，全面提高学校的教育教学质量。（办公室）

（6）深化科研机制。通过开展富有成效的校本培训，在校园内形成科研育人、科研兴校、反思科研的良好氛围，让每一位教师耳濡目染教育科研理念，都能投身于科研之中，立项目、出成果。

（7）在市一级学校的基础上，加大办学力度，优化育人环境，争创市级名优学校。（校委会）

（8）确保师生安全、卫生的前提下，加强教育开放，引进家庭教育，增强学生素质，提高学校的办学知名度。

第五阶段任务：

（1）总结前几个阶段的核心工作，汇集成册。用实践检验学校发展的可行性和有效性。（校委会）

（2）进一步提高教学科研质量，使教科研常态化，善于总结教学得失，高效率地出成果、出成效。（教师与成长中心）

（3）不断更新现代教育设施，完善设备配备，重点发展以交互式电子白板和短焦投影为主的教室多媒体系统。（资源与服务中心）

（4）进一步提升校园绿化的审美意境，完善校园的环境，加大力度，在"书香校园"的基础上，使学校成为"果香校园"。（资源与服务中心）

（5）拟建设"智慧校园"。学校将按照网络基础设施、教育云计算服务平台、移动学习系统、智慧教室、物联网智能管理系统和智慧校园文化系统六部分进行建设，建成以"无处不在的网络学习、融合创新的网络科研、透明高效的校务治理、丰富多彩的校园文化、方便周到的校园生活"为特征的"智慧校园"，真正实现"智能管理""智慧教学"和"泛在学习"。（校委会）

（6）建立联升小学"世界之窗""英语角""语文创作工作室"等。丰富师生课余生活，提升师生的身心素养。（校委会）

（7）创建市名优学校，打造联升品牌，提高学校知名度。

六、检查与表彰

（一）制定定期检查制度，每一个项目都根据原定目标定期检查，强化过程评估，及时纠正错误、解决问题，对取得的成果进行表彰和宣传。项目完成后，在总结经验的基础上，评优评先，奖励有功人员。（校委会）

（二）成果展现

（1）形成联升小学"崇和悦上"专题研究报告。

（2）形成"和谐课堂"教学的基本理论，构建"和谐课堂"课程体系。

（3）研究100个"和谐课堂"细节，形成100个"和谐课堂"教学故事，评选出500名"和美学生"，表彰20名"和雅教师"。

（4）出版《崇和悦上》理论汇编和《和谐课堂》教学故事、教育案例等系列著作。

（5）培养镇、市级名师若干名。

我们将在各级领导及专家的关心、支持下，在清溪镇宣教办的直接领导下，坚守"崇和悦上"办学理念主阵地，抓住新机遇，迎接新挑战，开创新局面，继续深入开展"和谐教育"科研，精心打造"书香校园"，努力塑造"和雅教师""和美学生"及"和睿家长"，让"崇和悦上"焕发魅力，让"书香校园"绽放异彩。

第三章　实现自主管理

在学校管理中，人的管理最为复杂，也最为关键。管理的实质也就是对人的管理，因而人的要素是学校管理中最核心的要素。但是，作为管理对象的人，并不是被动地接受管理，他们具有主观能动性，因而也存在着人的自我管理的形式。学校的自主管理主要分为人事管理、教学管理、德育管理、体育卫生工作管理、总务后勤处工作管理几部分。我校结合本校实际，构建起符合岗位设置和教职工需求特点的管理机制，有效激发教职工的积极性和创造性，把人力资源由潜能转变为现实资本和力量，推进学校事业的发展。

第一节　组织结构

学校组织结构反映了学校各要素的排列组合方式以及各部门、各层次之间的相互关系，它从某种程度上决定着学校管理水平，也影响着学校课程管理的效果；学校组织所表现出特定的基本信念、价值观念等文化特性也影响学校各项管理的过程。

一、学校组织结构

组织是一个社会性团体，它通过一定的结构完成管理流程和资源分配。任何公司、企业、机构都可以称为组织。一般而言，组织结构是指组织的垂直控制和水平协调的框架。组织结构反映了组织各部门以及构成组织各要素之间的关系，合理而有效的组织结构使组织各部门以及各要素之间和谐统一，能够起到放大组织的功效的作用；反之则会导致信息、资源等的内耗，从而在不同程度降低组织功效。研究表明，合理而有效的组织结构与组织长期的业绩水平有着正向的关系。很多企业在生死存亡之际，通过组织结构的调整走上了再次成功的道路。例如，美国惠普公司在20世纪80年代曾出现经营危机，他们根据现代组织结构理论实施了非常成功的公司组织结构重组，打破了公司旧有官僚体系，推平扁平化管理。到90年代中期，惠普公司成为计算机产业中成长最快的公司之一。学校也是一个社会性团体或组织，毫不例外地通过一定的组织结构实施管理。作为学校管理的重要组成部分，其课程管理的效果自然与学校组织结构具有密切的关系。

（一）学校组织结构建设的方向

学校组织是一个动态结构，每一种组织结构类型都将随着社会发展和教育改革而不断发展，每一种组织结构类型在实际生活中也都只适合于某种特定的环境。因此，本书并不提供某种具体的学校组织结构变革的模式，而是试图为进行学校组织结构变革提供一些思路、方向。

1. 与时俱进：适应学校组织结构的未来发展趋势

现代学校的管理是现代管理的一个重要组成部分，在组织机构与职能定位的设计中要充分体现现代管理的思想，密切关注学校组织变革的发展趋势。根据詹姆斯·昌佩和尼丁·诺利亚在他们合著的《管理的变革》一书中的描述，未来的学校组织应该是以信息为基础，在组织上分散而又被技术紧密连接，有快速敏捷的应变能力，具有创造性又有团队合作精神。按照他们的描述，未来学校组织结构变革的发展趋势应该是扁平化形式。

学校应在组织结构创新方面做些积极探索，尝试建立以"基层为主"的扁平化组织结构形式，尽最大可能将决策权向组织结构的下沉转移，让基层组织、教研组或教师个体拥有充分的自主权，并要求其对产生的结果负责；建立以第一责任人为特征的团队组织形式，在学校组织结构中设置校长、部门负责人、教研组长、年级组长、备课组长、课题组长等第一责任人系列；建立以"项目开发"为特征的网络组织形式，既重视增强本团队内教师主动发展的内动力和原动力，又淡化小团体的边界，促进学科之间、教研组之间和年级组之间的协作与交流；建立以"部门间战略伙伴关系"为特征的虚拟组织形式。

2. 实事求是：学校组织结构变革要契合学校实际

学校组织结构变革，既不是照搬照抄他人或他校的成功做法，也不是为了推陈出新而进行的盲目变革，而是为了契合学校发展的实际需要和提高学校组织管理效率而进行的积极探索，因此，在引领学校进行组织结构变革时，须始终坚持一切从学校发展实际出发的原则，一方面，学校组织结构创新要建立在校长与师生共识的基础上。学校在组织机构设置上，要充分考虑现有的学校组织机构和运行制度的继承性和延续性问题，既可以在原有机构基础上进行调整，又可以根据需要增设新机构，在机构职能定义上，既可以"名变实也变"，又可以"名不变实变"，要充分展现校长推动学校组织结构变革的智慧；另一方面，学校组织结构创新也必须服务于当前学校发展的主要任务。校长应对学校发展的主要任务有较为清晰的认识，可以通过设置"教研室""文化研究室""教学评估中心""教师发展指导中心""班组联席会议"等，以满足学校改革发展主要任务的需要。

3. 以人为本：积极发挥学校中非正式组织的正面影响

非正式组织是与正式组织有联系但又独立于正式组织之外的小群体，是人们在交往过程中，由于有共同的兴趣、共同的观点、共同的感情、共同的目标等原因而自发形成的群体。非正式组织虽然没有固定的编制，没有系统的条文规定，没有明确的组织边界，也没有固定的形式，但组织成员相互间在思想和行为上有重要的影响，它不仅控制着每个成员的行为，而且也影响着整所学校教育管理工作的效率，因此，校长必须重视学校中的非正式组织。

校长应学会正确引导学校中非正式组织的发展，积极发挥非正式组织对于学校发展的正面影响，如学校中的任何工作都要以人为本，关心人、重视人、尊重人；处理问题时，不能偏听偏信，感情用事，必须坚持在规章制度面前人人平等，做到公正、公平、公开；应充分发挥民主，认真倾听教职工和学生的各种建议与意见，并加以整合、分析，正确的予以采纳，当前办不到的或不妥当的则应耐心说明、解释，使之有个妥善的交代；要善于做认真、细致、耐心的思想教育工作，教育全体教职工和学生都要树立全局观念，以大局为重；充分发挥激励系统的作用，充分调动教职工的工作积极性，增强学校的凝聚力，使教职工个人的奋斗目标与学校目标达成一致等。

（二）学校组织结构建设的形式

从我校"崇和悦上"的文化视角来看，我校管理组织形式是扁平化管理模式，组织结构如图 3-1 所示。

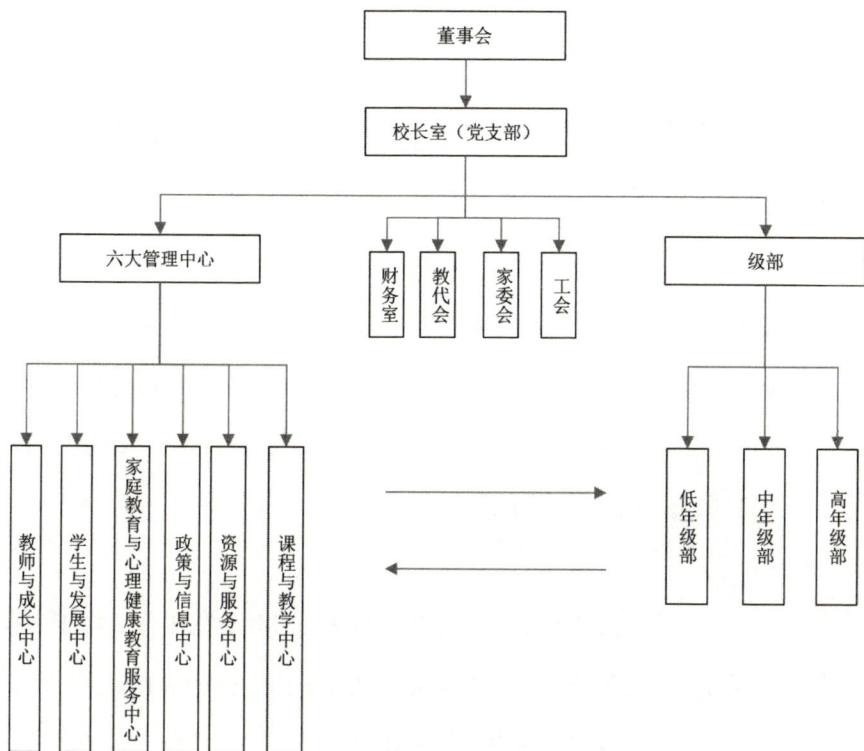

图 3-1　联升小学管理架构图

扁平化管理是指通过减少管理层次、压缩职能部门和机构、裁减人员，使学校的决策层和执行层之间的中间管理层级尽可能减少，以便使学校快速地将决策权延至学校管理和教育教学的最前线，从而为提高学校效率而建立起富有弹性的新型管理模式。它摒弃了传统的金字塔状的学校管理模式的诸多难以解决的问题和矛盾。当学校规模扩大时，原来的有效办法是增加管理层次，而有效办法是增加管理幅度。当管理层次减少而管理幅度增加时，金字塔状的组织形式就被"压缩"成扁平状的组织形式。

实行扁平化管理，是指通过缩短经营管理通道和路径，扩大经营管理的宽度和幅度，进而提高经营管理效率和市场竞争力。运用扁平化管理模式，旨在构筑新模式、组建新机构、再造新流程。扁平化管理包括三个方面的内容：信息的扁平化、组织机构的扁平化和业务流程的扁平化。组织结构的扁平化只是为扁平化管理提供了一个平台，在这个平台上要不断地进行业务流程的优化，从而为信息的扁平化提供物质载体。

（三）学校组织结构的设计要素

怎样才能使学校组织结构变得更加有效呢？其实，从权变管理理论来看，由于校史校情的不同，学校之间存在着较大的差异，不可能存在一种适合于任何学校类型的学校组织结构模式。但是，在设计学校组织架构时，有几个关键要素还是需要考虑的。

1. 专门化

专门化，简单地讲，就是要把任务分解成各自独立的工作，由于学校工作千头万绪、纷繁复杂，任何人都无法独自承担学校的所有工作，所以必须对学校工作进行分工。在对学校工作进行分工时，学校一贯的做法是将学校工作分为教学工作和后勤处服务两部分，教学工作又可分成不同年级、不同学科的教学课程，每一门课程再安排不同的专业教师去教。分工有利于提高工作效率，有利于考核工作绩效。但是也要注意过细的分工和专门化容易使教职工产生职业倦怠。

2. 部门化

部门化就是将学校工作分解成各个部分之后，需要对它们进行组合，以使相同的任务可以进行协调。学校组织结构部门化的办法有很多，其中最常见的办法是按照工作性质和职能进行组合。例如，一所中学可以根据工作性质和职能分设教导处、政教处、总务处、校长办公室等部门。这种根据职能分组方法的主要优势在于：把同类人员集中在一起并由此提高工作效率。还有一种方法是根据地域进行划分。近年来随着学校办学集团化趋势的出现，一所学校（尤其是名校）往往由不同地理位置的几所分校组成，可按照地理位置分布来划分为第一校区、第二校区、第三校区等，实行分片负责。每一校区自成完整的组织体系，同时对学校总部负责。除了上述的方法外，也可以按照学校规模、学校类型等标准对学校组织进行部门化划分。如有些规模很大的学校，把不同年级作为相对独立的管理部门，设立"年级长"对某一个年级实施综合性的管理。

3. 正规化

正规化即规范化，如果一种工作的规范化程度较高，就意味着从事这项工作的人在工作内容、工作时间以及工作手段等方面的自主权相对较小，反之亦然。学校的管理一定要有规范，没有规范，学校就会混乱无序，一盘散沙。而且学校中有些工作还需要较高的正规化，如后勤处工作和图书馆工作，必须制定清楚和明确的岗位职责、严格考勤等诸种制度。但是学校的特殊性质又决定了其管理必须超越规范。教学工作更多体现的是一种艺术性，教师往往希望在自己的领域里有更多的自由发挥空间。可见，学校组织结构既要考虑规范有序，更要考虑如何有利于教与学的自由发展，否则就很难培养出创新型人才。

4. 指挥系统

指挥系统，也称为命令链，是要解决教师个人和工作群体向谁汇报工作的问题。例如，在一所学校中，校长（副校长）直接领导教导处的工作，教导处主任领导年级组的工作，年级组组长对本组教师有管辖权，这样就形成了一条自上而下的不间断的命令链。

近年来，随着信息技术的发展，"自我管理团队"和"学习型组织"等概念日渐盛行，相比较而言，命令链在组织结构中的重要性有所降低。但是，在学校组织层面，通过强化命令链还是可以极大地提高工作效率的。因此，校长在完善学校组织结构时，应结合学校的实际状况适当考虑命令链的设计。

5. 控制跨度

控制跨度又称为"管理跨度"，就是一位学校管理者可以有效地管理多少下属人员。管理跨度往往决定着一所学校要设置多少管理层次，配备多少管理人员。

为了保证学校组织管理的有效性，学校管理跨度和管理层次应适宜，因为管理幅度过宽会造成学校管理者无法有效地指导和监督下属工作的问题；反之，管理幅度过窄也会产生很多问题，如监督过度、沟通不畅、职责弱化、管理成本较高等。一般认为，有效的学校管理跨度为7人较为合适，因为这是一个管理人员与下属保持彼此间有效沟通的最大数目。当然，不同层次的管理跨度也是有差异的，高层管理跨度为3～6人，中层管理跨度为5～9人，底层管理跨度为7～15人。除了上述标准外，学校管理者在确定管理跨度时还应综合考虑学校组织管理过程中的诸要素，如管理职权的大小、管理工作的性质与难易程度、教师的素质等。只有综合考虑上述诸因素，才能保证学校管理跨度适合于学校发展的实际需要。

6. 集权和分权

集权和分权是相对而言的。如果决策权集中在少数学校管理者手中，他们在做出关系到学校组织利益的关键决策时，就有可能忽略教职工的意见，则学校的集权化程度较高；反之，如果教职工能够参与决策的过程或他们实际上拥有一定的决策自主权，则学校的分权化程度较高。

　　一所学校究竟该采取集权还是分权的管理往往取决于多种因素，如学校规模、学校组织、自身特点等。一般来说，从学校规模角度来看，学校规模较小，则管理权力可相对集中些，体现一种集权式管理，可以提高决策效率，减少管理成本；学校规模较大，则管理权力可适当分散些，形成分权式管理。从学校组织自身的特点来看，由于教学工作具有较强的专业性，提倡参与式决策，不但有利于教师积极性的发挥，而且对提高学校管理的效率也是有利的。近年来，学校组织机构设计呈现分权趋势，分权能使学校组织更加灵活和主动地做出反应，使教职工学会自我管理。

二、学校管理网络

　　联升小学管理网络示意图如图 3-2 所示。

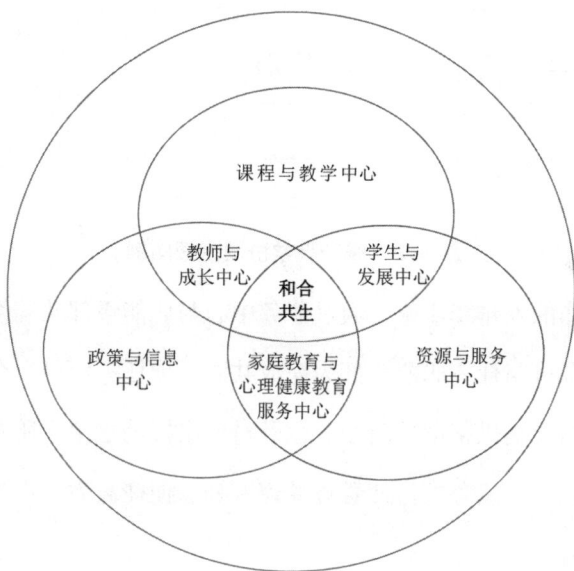

图 3-2　联升小学协同治理图例 1

再建学校协同化管理结构。在学校原有教导处、德育处、后勤处、办公室的基础上，再建以扁平化管理为主、层级化管理为辅的协同化管理架构，在原有八个中心的基础上，优化为六个中心：课程与教学中心，学生与发展中心，教师与成长中心，政策与信息中心，资源与服务中心，家庭教育与心理健康教育服务中心，使管理结构更扁平化。每个中心由若干骨干教师组成中心组成员，广泛吸纳教师参与到学校管理中，各自负责学校各方面的工作，施行"层级管理"与"扁平化管理"相结合的"协同化管理"。六个中心其功能职责分工明确，在实际工作中，各有侧重又互相交融，和合共生。

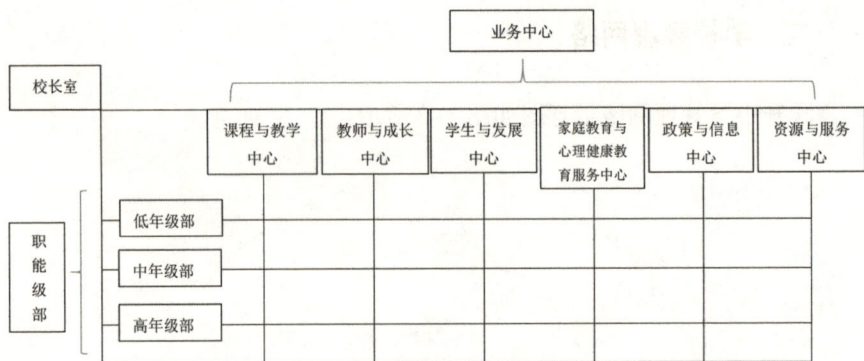

图 3-2　联升小学协同治理图例 2

学校工作的安排和实施，通过业务中心与职能级部共同协作完成，任何一个中心都可与任一职能级部为完成共同一项任务而鼎力合作，其余中心与级部在需要提供帮助的时候，也及时伸出援助之手，所有的中心与职能级部直接向校长室负责，使管理通道顺畅、便捷高效，提高中层、基层决策执行能力。

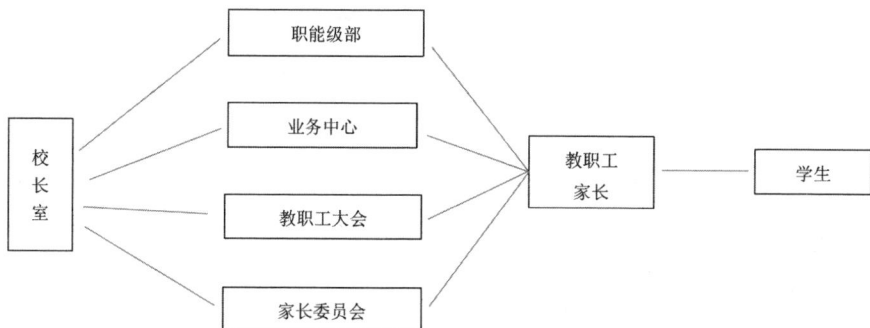

图 3-3　联升小学四线管理机制

将学生培养成"诚善进取，睿智尚美的时代新人"是联升小学一直实践的方向，如何将学校的理念准确的落实在学生成长的过程中，我们通过四线管理机制，分从四条不同的渠道，为学生的终生发展奠基，四线管理机制在实际实行过程中，既单独行使教育教学功能，也和其余三条线紧密不可分，四条线互帮互助，在不同的场合互为主次，各管理层面能明确职责目标，管理权限下沉到基层团队，有利于及时反馈教育教学的效果。

三、学校管理岗位

我校在"崇和悦上"办学理念的引领下，构建了符合我校校园文化体系的扁平化管理文化。

六个中心，即课程与教学中心、学生与发展中心、教师与成长中心、资源与服务中心、政策与信息中心、家庭教育与心理健康教育服务中心。六个中心负责人要认真贯彻校长治校决策和办学意图，具体负责对各领域工作的"策划（头脑）与引领（担当）、组织（魄力）与实施（细节）"。

各中心负责人的主要职责如下。

（1）学生与发展中心：侧重负责学校学生与发展中心工作的研究与

实施（含学生与发展中心课程）、教育活动的设计、组织与开展；负责学生综合素质的发展、班队建设及评价；负责对参与学生发展工作人员的绩效考评等等。目标：出品牌学生、品牌班队，形成"崇和悦上"学生文化。

（2）教师与成长中心：侧重负责学校的教师专业发展，校本研训的设计与实施、教师继续教育和团队建设的组织与引领；负责对参与教师发展工作人员的绩效考评等等。遵照有关科研规划和计划，结合学校的实际情况制订本校科研发展计划和方案；负责本校的科研发动工作，指导学校、年级（组）和教师个体的课题申报、立项、实施、结题等工作，形成学校内多层次、多领域的科研局面，充分调动学校广大教师的科研积极性，通过科研实践的探索和锤炼，促进教师素质的全面提高；组织科研课题并负责实施和管理；组织校内外的学术交流活动；定期对科研工作进行充实、评估和检查，负责实施科研的奖惩；负责学校校本课程开发、学校文化建设等工作。目标：出品牌教师、品牌课题，形成"崇和悦上"的科研文化、教师文化。

①理论性研究。即在教育实践基础上，利用科学研究方法认识和剖析各种教育现象，探索教育的本质和规律，以形成较系统的基础理论研究成果。

②应用性研究。着重考虑如何将基础理论研究成果与教育实践联系起来，开辟应用的途径，探索搞好教育工作的规律以及如何通过实践进一步深化和丰富基础理论。

（3）课程与教学中心：侧重负责学校的课程设置研发与建设、课程教学研究与管理：负责学科组的建设和指导工作，负责日常教务工作，负责学校教材征订、图书馆、实验室、功能室的安排和管理工作；负责对参与课程教学工作人员的绩效考评（包括对教师备、教、辅、改、考、评等日常课程教学工作各环节的考评）等等。侧重负责学校的教育教学质量的检测与评估、各方面工作过程质量的督查与评价；负责学校办学质量的迎检与评估；负责对参与质量监控工作人员的绩效考评等等。目标：出品牌课程、品牌科组，形成"崇和悦上"的课程文化、评价文化。

（4）资源与服务中心：侧重负责学校的后勤服务的统筹与实施、硬件资产的建设与管理、学校环境卫生的管理与督评；负责对参与资源服务工作人员的绩效考评等等。目标：出实效高效（服务保障优质现代），形成"崇和悦上"环境文化。

（5）政策与信息中心：侧重负责各级政策精神、文件通知等的收发与处理、贯彻与执行、学校规章制度的制订与解读、各部门工作机制的建设与协调；负责档案、网站建设、宣传工作，对各部门工作绩效考评的指导等等。目标：出优秀干部（有领袖气质、大局观念、垂范意识），形成"崇和悦上"领导、管理文化。

（6）家庭教育与心理健康教育指导中心：负责家长学校以及家长学校课程的开发与实施；负责"和睿"家长的培训、评价工作；负责家长委员会家长义工等工作；负责家访、家校联谊等家校联系工作。负责学校在改进教育教学和管理工作中的心理指导与顾问工作；负责师生的心理辅导及制定干预、矫治以及预防的措施，为师生建立相关的心理健康档案；协助做好家长学校工作，发挥心理指导和协调的作用，为家长提供家庭教育各方面的心理咨询和心理服务。

第二节　岗位职责

岗位职责是指一个岗位所需要去完成的工作内容以及应当承担的责任范围，无论兼任还是兼管均指不同职务之间，岗位职责是一个具体化的工作描述，可将其归类于不同职位类型范畴。职责是职务与责任的统一，由授权范围和相应的责任两部分组成。

岗位职责的制定原则：首先要让员工自己真正明白岗位的工作性质。其次，单位在制定岗位职责时，要考虑尽可能一个岗位包含多项工作内容，以便发挥岗位上的员工由于长期从事单一型工作而被埋没了个人的其他才能。第三，在单位人力资源许可的情况下，可在有些岗位职责里设定针对在固定期间内出色完成既定任务之后，可以获得转换到其他岗位工作的权利。

一、岗位问责机制建立

（一）岗位问责的对象

不履行或不正确履行工作责任、造成不良影响和后果的负责人及全体教职工。

（二）岗位问责的原则

问责坚持权责统一、实事求是、公正公平和追究责任与改进工作相结合、教育与惩处相结合的原则。

（三）岗位问责的内容

（1）教育、教学质量下降，或发生教育教学事故的。

（2）不履行或不正确履行职责，造成不良影响的。

（3）对属职责范围内的事项推诿不办理或拖延办理的。

（4）无正当理由，在规定时限内未完成交办工作的。

（5）无正当理由，对家长和学生推诿拒不接待或态度生硬的。

（6）学生出现安全事故，或造成学校财产重大损失的。

（四）岗位问责的方式

（1）诫勉谈话。

（2）取消当年评优评先资格。

（3）责令做出书面检查 。

（4）责令公开道歉。

（5）通报批评 。

（6）调整工作岗位 。

（7）停职检查。

（8）劝其引咎辞职。

（9）建议免职 。

（五）岗位问责的办法

（1）通信问责。全体教职工应24小时保持通信畅通（上课时间除外）。若不能保证及时联系的，应对责任人进行问责。

（2）安全责任问责。各安全责任人、班主任，应随时掌握本校、本班或校园安全情况。若有违反安全责任制度的，对相关部门责任人进行问责：瞒报安全事故，未造成严重后果的，责令做出书面检查、通报批评；造成严重后果的，停职检查、劝其引咎辞职、责令辞职直至免职。

（3）工作作风、行为问责。教师在职期间应恪尽职守，积极、大胆地创新工作方法，提高工作效率。若工作平庸，无所作为，引起教职工或群众不满的，对有关负责人进行问责。

（4）违规收费问责。各班应严格按照相关规定收费，若违规收费则对责任人进行问责：自下文之日起，出现违规收费者，立即免职。违规收取的费用必须在一周内全部清退。

（5）完成任务问责。对未能按时按质完成学校交办工作的部门负责人进行问责：第一次由分管的校级领导诚勉谈话；第二次责令做出书面检查；第三次通报批评。

（6）班主任要认真履行班主任工作职责，对不认真履行工作的，第一次由政教处诚勉谈话；第二次取消当月考核优秀等次；第三次取消当年评优资格、责令做出书面检查、通报批评直至调整工作岗位，有重大失责的职工停职检查。

（7）班主任和教师在管理学生的过程中，遇到重大问题的要及时和政教处联系，由政教处协助处理，没有和政教处协助处理并出现重大失误的由班主任和教师承担责任。

（8）班主任要认真管理好本班的校产，每学期由总务处清理交给教务处，学期结束由总务处清点，人为损坏的则由各班承担维修费。

（9）各班应认真负责本班所属的卫生管理，不认真清理的由学校值班教师通知班主任，并对责任人进行问责。

（10）在各级各类检查中发现管理漏洞的（脱岗，校园、学校宿舍脏、乱、差，食品卫生不合格，有不文明、不道德行为等），对责任人进行问责。

（11）教学质量问责。教务处应制定相应的提高教学质量的措施，充分调动教职员工的工作积极性，努力完成市局下达的教学目标。对未完成教学质量的教师进行问责。

（12）食堂后勤处工作人员应认真履行好岗位职责，严把食品安全质量关，做到防患于未然，若因个人工作失职造成的损失由个人承担主要责任。

（13）有下列情形之一的，应当从重问责：

①一年内出现 2 次以上被问责的。

②在问责过程中，干扰、阻碍、不配合询查的。

③打击、报复、陷害有关人员的。

（14）有下列情形之一的可免予问责：

①因下级以及有关人员弄虚作假，致使难以做出正确判断，造成未能正确履行职责的。

②因适用的法律、法规、规章和学校内部管理制度未做出具体、详细、明确规定或要求，无法认定责任的。

③因不可抗力因素难以履行职责的。

（六）岗位问责的程序

（1）经初步核实，存在反映的情况，向学校提出书面建议，由学校决定启动问责程序。重大问题由学校及有关部门组成调查组进行调查。被调查的责任人应当配合调查。阻挠或干预调查工作的，调查组可以按照有关规定，提请学校暂停其工作。

（2）调查组应当听取被调查的责任人的陈述和申辩，并进行核实，如其成立，应当采纳。不得因被调查人申辩而从重问责。调查组一般应在 10 个工作日内完成调查工作，并向学校提交书面调查报告。情况复杂的经过批准可延长 5 个工作日。调查报告包括问责情形的具体事实、基本结论和问责建议。①

（3）调查终结后，由学校做出行政问责决定。问责决定书应当自做出决定之日起10个工作日内送出，并告知被问责人享有的权利，对不服学校问责的人员可向上级教育主管部门申诉，申诉期间不停止执行。

二、岗位监督机制构建

（一）质量监督机制

为了提高教学质量，保证教学任务的圆满完成，结合学校的实际，根据各级教学常规管理实施细则，特制定本制度。

1. 切实加强课程管理

要严格按照上级教育行政部门规定的课程、课时计划，把各种课程开全开足，决不随意加课减课。

2. 切实加强课堂教学管理

教学质量的提高，关键是课堂教学质量的提高。教师要根据各年级、各学科学生的基础和不同特点，制订教学目标，使"向40分钟要质量"的口号真正落实到每一堂课，充分发挥课堂的主渠道作用。

3. 加大对后进生转化力度，提高整体成绩

后进生是影响我校教学质量的重要因素，因此，在后进生的转换方面再做具体安排。第一，建立档案。根据考试分数和任课教师平时观察，确定后进生名单，建立档案。第二，抓两头保中间。一年级和六年级任课教师要高度负责，不能从一年级起，就出现学困生。不能使学困生在毕业时

① 刘永林. 中小学校长负责制的政策分析［J］. 天津市教科院学报，2005（4）.

还没有脱困，中间年级教师要避免产生新的学困生，如果学困生档案中有新名单出现，该任课教师要承担责任。第三，分层转化。

（二）管理监督机制

教学是学校的中心工作，是学校培养人才、实施学生全面发展的基本途径，教学工作的好坏，关系到整个教育质量的高低，关系到所培养人才的素质，是深化教育改革，提高教育质量的根本保证，为了进一步规范学校的教学工作，实施全方位的目标管理，特制定《教学常规管理制度》。

1. 教学常规与课程标准

（1）学期一开始各年级、各学科都要制订好学期教学计划，并努力做到教学目的明确，课时划分科学，教学进度清楚，时间分配合理，各教研组制订学期教研计划，并于开学第一周上交教务处。

（2）掌握本学科课程标准，做到学科教学目的清楚，教材结构清楚，学科特点清楚，重点难点清楚，学生的能力发展要求清楚。

2. 备课

（1）个人备课要做到备课程标准，备教材，备教学内容，备学生实际，备教学方法，备教学手段及教具，备教学练习，备能力培养措施，备德育美育的熏陶。

（2）上课前必须写好教案，教案一般包括：课题、教学目标、重点难点、教学用具、教学过程、实验操作、作业布置、板书设计、课后小结。学期中应超前一周备课、教案字迹清楚整洁。

（3）不得使用旧教案或以参考资料代替教案。

3. 上课

（1）教学人员必须按教学计划完成课堂教学任务，坚持以学生为本，面向全体学生，尊重学生个性发展，努力提高课堂教学质量，重视教学方法的改革与研究。

（2）坚持上课第一次铃前教师到位，上课期间不能离开教室、不能坐着上课，下课不拖堂。

（3）正确贯彻教学原则，做到掌握知识与实践能力相结合，智力因素与非智力因素相结合，知识技能与思想教育相结合，统一要求与因材施教相结合。

（4）注意演示与示范，充分利用板书、挂图、标本、录音、投影、录像、多媒体等教学工具和手段辅助教学。

（5）重视指导学生动手操作、制作。凡是有实验、操作任务的学科要按质量完成实验示范、操作，让学生人人动手做实验。

（6）教学过程要组织严密，安排紧凑，结构合理，重点突出，难点突破，无知识性错误，做到精讲精练，采用各种方式和方法，让学生动手、动口、动脑，引导学生主动参与、大胆质疑调动学生学习的积极性，启发学生独立思维，引导学生自主、合作、探究学习。激发学生创新精神，培养学生创新能力。

（7）教师上课必须坚持使用普通话，写字规范，语言文明规范，板书设计合理，口头表达自然流畅，亲切生动，教态自然大方，要加强与学生的沟通、交流，营造和谐、欢快、民主的教学气氛。不体罚或变相体罚学生。

4. 作业与批改

（1）布置作业要明确，内容要精选，分量要适当，难易要适度，时间要控制，杜绝机械重复或惩罚性作业。

（2）课内作业要在任课教师指导下当堂完成，家庭作业要适量，不得超过1小时。课堂作业要全收全改，课后作业原则上坚持全批全改，对完成作业有困难的学生要坚持面批面改。

（3）严禁让学生批改课堂作业。

（4）批改作业要及时认真，错误要记录，原因要分析，讲评要严格，错题要重做，作业要达到规定次数（数学、低年级语文每天一次，作文全期12次）。

（5）作业写清批改日期，批改简明易懂；少指责，多鼓励。

5.辅导

（1）语文、数学的课外辅导要做到四点：A.制订潜能生转化记录；B.对成绩优秀和智力较好的学生要适当提高学习难度以满足他们的求知欲；C.解答疑难问题进行学习方法指导；D.组织课外阅读提高学生的自学能力和阅读水平，在培养学生合格加特长方面下功夫，五、六年级的学生建立阅读笔记及图书角。

（2）积极贯彻因材施教的原则。对优秀的学生，在全面发展的基础上，鼓励他们发挥特长，不断提高学习兴趣和自学能力；对有困难的学生，要满腔热情，分析原因，从提高学生兴趣入手，培养正确的学习方法与良好的学习习惯。通过个别指导或有计划的补课，帮助他们在学习上取得进步，并对他们的特长予以鼓励和培养。

（3）重视指导学生动手操作、制作。凡是有实验、操作任务的学科要按质量完成实验示范、操作，让学生人人动手做实验。

（4）教学过程要组织严密，安排紧凑，结构合理，重点突出，难点突破，无知识性错误，做到精讲精练，采用各种方式和方法，让学生动手、动口、动脑，引导学生主动参与、大胆质疑调动学生学习的积极性，启发学生独立思维，引导学生自主、合作、探究学习。激发学生创新精神，培养学生创新能力。

（5）教师上课必须坚持使用普通话，写字规范，语言文明规范，板书设计合理，口头表达自然流畅，亲切生动，教态自然大方，要加强与学生的沟通、交流，营造和谐、欢快、民主的教学气氛。不体罚或变相体罚学生。

（6）课外辅导要安排在学生自习或课外活动时间进行，不准侵占和挪用非语数课时间进行辅导。

6. 教育科研

（1）每位任课教师必须参加学校和教研组的教研活动，并能围绕活动中心，积极发表自己的见解，虚心听取他人的意见。坚持互相学习、取长补短，每期听课不少于15节。

（2）遵守教研纪律，不无故请假或迟到早退，教研工作纳入教师考核考勤奖惩。

（3）每周一晚上为教研活动时间，各教研组根据各自情况认真组织积极开展，并做好记录。

（4）各教研组每周按单元重点、难点，由教研组集体研究备课一次。

（5）教研组每月开展一次教研活动，每期上交一份教研工作计划、总结，每位教师每期至少上交一篇教研论文、教案设计、案例分析或经验总结。

（三）财务监督机制

为了规范学校的会计核算，真实、完整地提供会计信息，根据东莞市民办学校规章、《中华人民共和国会计法》及国家其他有关法律法规，制定本制度。

1.学校填制会计凭证、登记会计账簿、管理会计档案等要求，按照《中小学校会计制度》《中华人民共和国会计法》《会计基础工作规范》和《会计档案管理办法》的规定执行。

2.会计核算划分会计期间，分期结算账目和编制财务会计报告。会计期间分为年度、季度和月度。年度、季度和月度均按公历日期确定，会计年度自1月1日至12月31日止。

3.会计核算以人民币为记账本位币，会计记账采用借贷记账法，会计核算以收付实现制为基础。

4.学校资产定期清查

（1）固定资产清查：每季度末及年末进行实地盘点，以保证固定资产核算的真实性，在固定资产清查的过程中，如发现盘盈、盘亏的固定资产，应填制固定资产盘盈、盘亏报告表，清查固定资产的损溢，应及时查明原因，并按照规定程序报批处理。

（2）低值易耗品及材料清查：每季度末及年末进行实地盘点，如发现盘盈、盘亏，应填制盘盈、盘亏报告表，清查的损溢，应及时查明原因，并按照规定程序报批处理。

（3）现金清查：每月末采用实地盘点，对清查的结果应当编制现金盘点报告单，如有挪用现金、白条顶库的情况应及时纠正，如果账款不符，发现有待查明原因的现金短缺或溢余，按管理权限报经批准后处理。

（4）银行存款清查：每月末根据"银行存款日记账"余额与"银行对账单"核对，对账余额如有差额，应编制"银行存款余额调节表"调节相符。

（5）往来账款清查：各项往来款项的清查与银行存款的清查一样，也是采用同对方单位核对账目的方法，每月末清查。

5.学校财务部由会计、出纳组成。

6.会计工作职责

（1）按照国家会计制度的规定记账、复账、报账做到手续完备，数字准确，账目清楚，按期报账。

（2）妥善保管会计凭证、会计账簿、会计报表和其他会计资料。

7.出纳工作职责

（1）认真执行现金管理制度。

（2）严格执行库存现金限额，超过部分必须及时送存银行，不坐支现金，不认白条抵押现金。

（3）建立健全现金出纳各种账目，严格审核现金收、付款凭证。

（4）严格支票管理制度，编制支票使用手续，使用支票须经校长签字后，方可生效。

（5）积极配合银行做好对账、报账工作。

（6）配合会计做好各种账目处理。

8.会计凭证、会计账簿、会计报表和其他会计资料必须真实、准确、完整，并符合会计制度的规定。

9.财务工作人员办理会计事项必须填制或取得原始凭证，并根据审核的原始凭证编制记账凭证。会计、出纳员记账，都必须在记账凭证上签字。

10.财务工作人员应当会同园长办公室人员定期进行财务清查，保证账簿记录与实物款项相符。

11.财务工作人员应根据账簿记录编制会计报表上报园长，并报有关部门。会计报表每月由会计编制并上报一次，会计报表须会计签名或盖章。

12.财务工作人员对本校实行会计监督。财务工作人员对不真实、不合格的原始凭证，不予受理；对记载不准确、不完整的原始凭证，予以退回，要求更正、补充。

13.财务工作人员发现账簿记录与实物、款项不符时，应及时向校长或副校长提交书面报告，并请求查明原因，做出处理。

14.财务工作应当建立内部稽核制度，出纳人员不得兼管稽核、会计档案保管和收入、费用、债权和债务账目的登记工作。

15.财务工作人员调动工作或者离职，必须与接管人员办理交接手续。财务工作人员办理交接手续，由校长、办公室主任、副校长监交。

16.支票管理

（1）支票由出纳员或园长指定专人保管。支票使用时须有"支票领用单"，经园长批准签字后，将支票按批准金额封头，加盖印章、填写日期、用途、登记号码，领用人在支票领用簿上签字备查。

（2）支票付款后凭支票存根，发票由经手人签字，会计核对（置物品由保管员签字），校长审批。填写金额要无误，完成后交出纳人员。出纳员统一编制凭证号，按规定登记银行账号，原支票领用人在"支票领用单"及登记簿上注销。

（3）财务人员月底清账时凭"支票领用单"转应收账，发工资时，从领用工资内扣还，当月工资扣还不足，逐月延扣以后的工资，领用人完善报账手续后再做补发工资处理。

（4）对于报销时短缺的金额，财务人员要及时催办，到月底按第十八条规定。

（5）财务人员支付（包括公私借用）每一笔款，不论金额大小均须校长签字。

17. 现金管理

（1）现金使用范围：A.职工工资、津贴、奖金；B.个人劳务报酬，包括稿费、讲课费以及其他专门工作报酬；C.根据国家规定须发给个人的科学技术、文化艺术、体育等各种奖金；D.各种劳保、福利费用以及国家规定的对个人的其他支出；E.出差人员必须携带的差旅费；F.结算起点以下的零星支出（1 000元）。

（2）库存现金以3～5日的日常零星开支为限额，超额部分存入银行。

（3）财务人员支付现金，可以从公司库存限额中支付或从银行存款中提取，不得从现金收入中直接支付（即坐支）。因特殊情况须坐支的，应事先报经校长批准。

（4）财务人员从银行提取现金，应当填写《现金领用单》，并写明用途和金额，由园长批准确认后提取。

（5）职员因工作需要借用现金，须填写《借款单》经会计审核，交校长批准签字后方可借用。超过还款期限即应收款，在当月工资中扣还。

（6）凭发票、工资单、差旅费单及学校认可的有效凭证或领款凭证，经手人签字，会计审核，校长批准后由出纳支付现金。

（7）发票及报销单经校长批准后，由会计审批，经手人签字，金额数量无误，填制记账凭证。

（8）工资由财务人员依据各部门每月的核发工资资料代理制职工工

资表，交给校长、执行董事审核，交给公司办理会计核算手续。

（9）无论何种汇款，财务人员都须审核《汇款通知单》，分别由经手人、部主任、校长签字，会计审核有关凭证。

（10）出纳人员应当建立健全的现金账目，逐笔记载现金支付。账目应当日清月结，每日结算，账款相符。

18. 会计档案管理

（1）凡是本校的会计凭证、会计账簿、会计报表、会计文件和其他有保存价值的资料，均应归档。

（2）会计凭证应按月，按编号顺序每月装订成册，标明月份、季度、年起止、号数、单据张数，由会计及有关人员签名、盖章（包括制单、审核、记账、主管），由校长指定专人归保存归档前应加以装订。

（3）会计报表应分月、季、年报，按时归档，由校长指定专人保管，并分类填制目录。

（4）会计档案不得携带外出，凡查阅、复制、摘录、会计档案，须经校长批准。

19. 工资结算管理

（1）由学校财务人员核算每月工资。

（2）每月6号前学校工资核算人将电子档形式的工资表上传公司财务核对。

（3）公司核对完毕，通知学校财务人员将工资表打印，并由校长、执行董事签名确认，由公司出纳按时到银行代发工资。

20. 会计回避管理

（1）学校负责人的直系亲属不得担任本校的会计机构负责人，会计主管。

（2）会计机构负责人、会计主管人员的直系亲属不得担任本校出纳工作。

（3）出纳人员不得监管稽核、会计档案保管和收入、费用、债权债务账目的登记工作。

三、岗位的权力及平衡

对于普惠性民办学校来说，教育教学质量是学校发展的生命线，在保障学生安全的前提下，最重要的就是不断提升学校的教育教学质量。"没有教育教学质量，就没有今天；只有教育教学质量，就没有明天。"这是普惠性民办学校的真实写照。普惠性民办学校如何提升教育教学质量成了每位民办学校校长首先要思考的问题。顶层设计，科学管理，成就新时代"四有"教师；以美育人，立德树人，培养"五育"并举学生；形成有特色、高质量的教育教学，从而使民办学校走向成功。

多年的教育教学管理实践使笔者深知教育教学质量的高低，直接关系到学校的生存与发展，关系到家长对子女的殷切期望能否得到实现，关系到每一位学生的健康成长。而决定一所学校教育教学质量的因素有很多，如安全、德育、教学、科研、特色等，但笔者认为以下几个方面对提升普惠性民办学校教育教学质量至关重要。

（一）思想引领，顶层设计

思想是行动的先导，一个人的行为归根结底是由他的思想决定的。任何一所优质的民办学校都会把教师思想建设放在首位，通过培训、引导、教育等方式，与学校文化融为一体，全体教师凝心聚力、同心同德促进学校教育教学质量的提升。

1. 注重团队思想建设，营造学校"家"的氛围

学校注重培养"和雅"教师，树立"校荣我荣，校耻我耻"的主人翁精神，提倡"合和"的工作生活哲学，每学期定期举行"团建活动""党建工建团建拓展"等活动，我们既关注老师的工作，又关心老师的生活，汇聚集体的智慧和力量共谋学校发展。

2. 顶层设计，规划蓝图

顶层设计是学校生存和发展的大计，紧密联系普惠性民办学校的实际情况，规划蓝图和梦想，是校长的首要任务。要想做好顶层设计，必须首先明白校情（自己和同类民办学校的情况）、社情（区域经济、文化、教育情况）、官情（当地政府政策）。制定《办学理念》《学校各职能部门岗位职责指南》《教师师德师风考核方案》《教师教育教学质量考核方案》等，为学校可持续、快速、健康发展提供强有力的保障，为提升学校教育教学质量打下坚实的基础。

（二）建章立制，规范管理

本校的管理，遵循两句话，从管理理念的角度说是"让心灵沟通，让机制管理，让制度说话"；从管理原则的角度说是"以人为本，民主先行，制度保障，程序规范"。概括地说就是"以人为本，科学管理"。

1. 抓好学校制度建设

俗话说："没有规矩，不成方圆。"制度是一所学校落实各项工作的有力保障。学校相继出台了《教师课堂常规管理细则》《教师工作一日流程》《教学质量奖励方案》和《和雅教师考核方案》等一系列规章制度，这些科学的制度，就是让一个刚进入我校工作的新教师都能在短时间里熟悉学

校的教育教学工作，出色地完成教育教学任务。

2. 抓好干部队伍建设

一个好校长就是一所好学校。校长要以对国家教育和广大师生家长高度负责的精神，认真履行职责，扎扎实实地抓好学校管理工作。校长要带领行政团队自觉服从工作原则，严明工作纪律，确保政令畅通，干好分内工作，以良好的形象影响、教育全体教师，打造勤政、团结、务实、创新的行政领导团队。

3. 抓思想作风建设

学校要培育教师的共生意识，引导教师用心呵护"命运共同体"。通过多种形式和途径提高教师的综合素质和敬业精神，不断增强教师教学质量荣辱感和培养人才责任感、使命感。学校要旗帜鲜明地讲质量，大张旗鼓地促质量，扎扎实实地抓质量，坚持以人为本，突出个性，促进和谐发展为中心，真正把以人文本，突出个性作为学校永恒的中心工作。

4. 抓骨干教师队伍建设

骨干教师是学校的支柱，是学校提高教育教学质量的可靠保证。学校要充分调动和激发骨干教师工作的积极性、创造性，使他们成为提高教育教学质量的生力军，成为一种特别能吃苦，特别能战斗，特别能奉献，特别能帮带的优质教学资源。

5. 抓高效课堂教学

课堂教学是提高教学质量的主阵地，而高效课堂又是关键。有的教师教学质量低下，其主要原因之一就是"低效课堂"教学。因此，学校要把"构建和谐高效课堂"作为抓教学质量提高的重要手段，并通过教研活动、检查考评、总结汇报等一系列措施，切实地把高效课堂抓出成效，使之成为提高教学质量的可靠保证。

6. 抓教学常规管理

教学常规是提高教学质量的基本保证。因此，学校规范和优化过程管理，认真落实备、教、批、辅、考、评等各环节，特别注重平时的督办、检查、评比、总结等环节。

（1）实行扁平化管理体系，校长—课程与教学中心—学生与发展中心— 教师与成长中心—家庭教育与心理健康教育中心—资源与服务中心—政策与信息中心—三位级长。层层落实，严格执行，追求高效。

（2）开展"学习—实践—反思—再学习—再实践—再反思"的教研模式。提高教师业务水平，我们做了如下努力：加强理论和专业学习，通过"请进来"的方式，不断提高教师专业水平。

（3）加强教研组、备课组建设，充分发挥集体备课的作用，发挥名师、骨干、优秀教师的传、帮、带作用，完成"青蓝工程"结对帮教任务。

（4）学校规定教师每学期听课不少于10节，中层以上领导每学期不少于20节，举办教师经验交流活动，达到共同提高的效果。

7. 抓科研促教、科研兴校

科研教改要以"构建高效课堂"为切入点和突破口，扎实开展具有针对性和实效性的教学研究活动，以提高教师素质和提高教学质量为目标，形成人人参与教研，个个投入教改的良好局面。学校自2016年起坚持走"科研促教、科研兴校"的办学路子，2016年至2020年，本校多项课题先后立项并有部分课题顺利结题，本校的课题组教师努力以课题研究为导向，把教改实践的经验及时加以总结、交流和完善，从而转变教师教学方法和学生学习方式，促进教师教育教学水平的提高。

（三）以劳育人，立德树人

"以劳育人"是本校育人特色，我们学校楼顶 2017 年建立了一个科普实践园，全面落实国家立德树人根本任务，培养德、智、体、美、劳全面发展的社会主义合格建设者和接班人。有不少校长、教学管理者和教师有不少校长、教学管理者和教师总是这样认为，对学生进行德育会占去学生的学习时间，会影响学生的学习成绩，这种认识是片面的。全国著名数学教师孙维刚说："德育和智育是互相关联相辅相成的，远大理想将产生刻苦学习的强大动力；反过来智力素质提高，使人看得远，有助于形成正确的人生观，提高思想品德素质。"结合我校十多年的办学经验来看，哪个班级纪律好、班风好，各项活动开展得好，德育工作落实得好，哪个班的学习成绩就要更好一些。

1. 安全第一，德育为先

安全不保，一切都没了，谈何教育教学质量？民办学校只有平安的校园环境，才能集中精力和心思抓管理、抓教学，一旦出了安全事故，不但经济会受损失，精力也会牵扯进去，教育教学就会受到冲击和影响。在保障学生安全的前提下，落实立德树人的根本任务，培养德、智、体、美、劳全面发展的社会主义合格建设者和接班人。

2. 培育学生从细微处着手

细节决定成败，我们细到每一个环节，细到每一项指标，比如：细到规定作业本、练习册、单元过关题必须详批，批的要求、格式都是统一的；召开主题班会，布置考场，邀请家长到校全程参加巡考；注重学生的培优补弱，因材施教，确保教学质量整体提升；提倡学生早晨一进班级就读书，从而养成自觉早读的良好习惯；重视学生阅读习惯的培养，教师利用寒暑假期提前备课，做到"堂堂清、日日清"，强化当天学习的重点、难点、考点知识等。细微之处见功夫，这种精细化的管理，所体现的是整体管理思路清晰，目标明确，所带来的是师生和谐统一的氛围、必胜的信心、昂扬向上的斗志。

3. 培养"2+1"及诚善进取，睿智善美的联升学子

（1）聚焦学生核心素养的培养，使每个学生的学习潜能、个性特长都得到充分发展。在平时的教育教学中，多举措、立体式推进"2+1"能力。其中的"2"指的是：写一手好字、掌握花样跳绳的技能；"1"指的是学会一项体艺技能。学校以社团活动为依托，通过开设形式多样的社团活动和丰富多彩的校园文化活动，切实提高学生的核心素养，促进学生全面、和谐、健康发展，实现培养高素质人才和创建特色品牌化学校的目标。

4. 校本课程和兴趣社团"百家争鸣"

学校开设了各种校本课程和学生兴趣社团，充分发挥全体师生的主观能动性和兴趣特长，每个学生都参加一个以上兴趣社团（如，舞蹈社团、武术社团、小主持人社团、篮球社团、足球社团、书法社团等）每个学生都可以选择自己喜欢的社团（经过多年的实践，我校取得了硕果累累的成绩，为学生的全面发展提供平台，增强了学生的自信心，赢得了家长和社会的好评，焕发了学校的生机和活力。

总而言之，义务教育阶段，没有什么轰轰烈烈的大事，只是在平凡的岗位中做到不平凡，简单的工作中做到不简单。制度如渠人如水，渠成则水往，制度是我们做成事的最有力保障。校长进行思想引领、顶层设计、建章立制、科学管理、特色教育等，从细微处着手，努力、坚持，定能守得云开见月明。"雄关漫道真如铁，而今迈步从头越。"面对未来，只争朝夕，

不负韶华，再创学校教育教学质量新辉煌。

四、特殊岗位指导管理

（一）对校长评价与考核

校长作为学校的领导核心，作用发挥得如何直接关系到学校的教育教学质量。因此，必须加强对校长的领导和管理工作，从体制和机制上加大对校长的监督管理力度，引领校长把精力用在学校的管理和教育教学上来，营造校长干事创业的良好氛围。

1985 年，《中共中央关于教育体制改革的决定》指出："学校逐步实行校长负责制，有条件的学校要设立由校长主持的、人数不多的、有威信的校务委员会，作为审议机构。"1993 年，《中国教育改革和发展纲要》中进一步指出："中等及中等以下各类学校实行校长负责制。"自此，"校长负责制"在我国中小学中得到了广泛推行，对学校的发展起到了很好的推动作用。校长负责制应包括以下几个方面的内容。

1. 校长全面负责制

校长是学校的法人代表，应按有关规定行使职权、履行职责，并代表政府承担管理学校的全部责任。校长对学校的各项工作，包括教学、科研、行政管理等应当全面负责。与中小学校长的职务和责任相一致的是校长应该拥有相应的权力，我国中小学校长一般有以下几个方面的办学自主权：决策权、指挥权、人事权、财经权等。

2. 党组织保证监督

中小学实行党组织领导下的校长负责制，在党组织的集体领导下充分发挥校长积极性的领导体质，党组织必须坚持民主集中制原则，实行集体领导，重大问题有党组织进行决策。在实施过程中，由校长按照教育法赋予的职责，在党组织的集体领导下认真做好教学和行政管理工作，党组织要监督、保证和支持校长正确行使职权。

3. 教职工民主管理

校长对学校工作的统一领导，是建立在民主管理和科学管理基础之上的，发挥教职工民主管理作用是校长负责制的重要组成部分。因此，中小学校实行校长负责制后，学校应该建立和健全教职工代表大会制度（以下简称教代会）。教代会的职责是代表全体教职员工对学校各项决策提出意见和建议，对学校工作实行民主管理、民主监督，充分发挥教职工的主人翁作用。

由此可见，我国的"校长负责制"是由校长、学校党组织和教职工代表大会共同组成的"三位一体"结构，其中，校长对学校的工作有决策权和指挥权；学校党组织对学校行政工作进行监督，并保证学校的办学方向；教职工代表大会对学校工作进行民主管理和民主监督。

实行校长负责制后提高了校长的自主办学权，实现了校长职务、权力和责任三者的统一，为校长尽职尽责，提高办学水平，发挥了很大的作用。主要表现在以下几个方面：一是校长决策权的提高，学校各项工作的重大问题，校长有了最后的决定权，提高了校长的工作效率。二是充分发挥了校长的指挥权。校长在学校内统一指挥学校的各项工作，直接领导学校各个管理机构，避免政出多门的现象。三是直接赋予校长的人事权和财务权力，强化了校长工作的统一性。校长负责制实行以来推动了校长对学校工作的负责作用。但是谁来为校长负责，谁来管理校长，一直是校长管理上的薄弱环节。

长期以来，校长的管理是学校管理中相对较薄弱的环节，政府管不了，教育主管部门管不过来，学校内部监督机制不健全。因此，有必要探讨校长管理的新机制，形成党委政府、教育行政主管部门、人大代表、政协委员，以及学校内部的群团组织、教代会、家长和社会对校长的监督管理机制，实现全方位的校长精细化管理。

任何一所学校要获得成功，都离不开一名智慧、干练的校长和一个团结向上的领导集体。因此，校长的选拔、培养和领导班子的建设，对于一所学校的生存和发展是一个生死攸关的问题。因为一个校长要承担规划学校发展、科学选用和培养干部、科学决策统筹全局、建设组织机构和制定规章制度、建立和谐的内外公共关系、拓展资源渠道、建立团结向上的领导集体等职责，发挥指挥、协调、激励等作用。要使中小学教育健康发展，使师生的权益不受侵犯，必须从以下几方面改革校长负责制。

（1）改变上级主管部门的工作作风和方法，要考虑用法律、制度去管理校长。上级教育主管部门负有对校长的选拔任用、培训、领导、监督等责任。有些校长之所以满意度低，与过于宽松放任自流的环境有关。教育行政主管部门要么管不了、要么管不好。出现作风不扎实，检查搞形式主义，评价搞平均主义，工作搞好人主义，检查工作浮光掠影，评价校长工作轻描淡写等。主管部门应该考虑把校长从政治范畴、行政范畴中剥离出来，归入技术范畴、业务范畴，取消行政级别。上海已经开始校长负责制的改革尝试，校长成了技术职称，分为一级校长、二级校长、三级校长、四级校长。走上校长的位子必须持有相应的资格证，以此来保证校长的业务能力，这种改革尝试具有开创性意义，值得探索。

（2）确立学校党组织的政治核心地位，充分发挥其保证监督作用。

充分发挥好党组织书记的作用。有的学校实行党政一人兼，即校长兼任书记，这种做法的弊端是很明显的。党政大权由校长一人独揽，势必缺乏制约、监督和促进的力量。这样一来校长决策失误，甚至犯错误的概率就会大大提高，如果书记独立存在，这种情况就可大为改观。一方面，书记可以个人言行和形象影响、制约校长，为校长的决策出谋划策；另一方面，书记也能够时刻发挥党组织对校长的监督配合作用。书记应参与学校重大问题的决策，保证党的基本路线和教育方针的贯彻执行。按照党管干部的原则，选拔、培养、考查干部，加强对学校干部的教育、管理和监督。

（3）必须建立和健全学校民主制，切实保障教职工的民主权利。发挥好教职工代表大会等机构的作用，这些机构应当代表教师的利益、学校的利益。在涉及工资、奖金、福利、各类荣誉评比等与教师切身利益密切相关的问题上，教职工代表大会应真正行使表决权，使教师的权益有一个根本上的、制度上的保证。知情权是教职工参与民主决策、民主管理、民主监督的基础和前提，而校务公开则是落实知情权的重要方式和途径。要把校务公开栏变成监督校长负责制的明白墙、法律墙。

（4）打破校长和教师在行政上的不对等。教职工不只是管理的对象，还应该成为管理的主体。作为校长必须尊重教职工的民主权利，善于集中群众智慧，善于将领导的决心变成群众的自觉行动。在校长的任免、学校事务的决策上，教职工有发言权，使校长不再是只对上级部门负责的"行政官员"，更多的是一个与广大教师对等的教育教学的管理者，对学校、教师和学生发展负责的教育家。

（5）完善校长选拔竞聘制度，加强校长的培养。新时代的校长应该具备法律意识、自觉意识、民主意识、平等意识、尊重意识、反思意识、服务意识等多种意识。为了把真正有才华又愿意为教师、学生服务的人选为校长。中小学校长的选聘必须找到一种严密、科学的程序化选择方式，由特定的组织执行，成为选拔任用校长的法制形式，从而有利于教育的稳定和发展。校长走向专业化、职业化，是当前迫切需要解决的问题。本着公开、公正、公平的原则，广泛开展校长竞聘上岗。这样既可以淘汰能力不称职、德行不合格的校长，又可以选拔出德才兼备的校长，为新校长的脱颖而出创造条件，真正发挥校长负责制的激励作用。

校长的培养是教育主管部门的重要工作职责，要制订规划，有计划地从优秀教师、骨干教师、学科带头人中培养后备干部，从德才兼备的优秀教师中选拔中层干部进行锻炼，从优秀的中层干部中选拔副校长，再从从事了一定时间的优秀副校长中选拔校长。校长的培养是一个渐进的过程，一般情况下切忌从教师中一步到位地提拔校长或副校长，这样既害了他本人，也误了教育。

（6）打破校长任职终身制。规定校长任期使之有紧迫感和压力感，墨守成规、经验主义、霸权主义的校长应依法依制度撤换。每届任期 4～5 年，在一所学校连任不超过 2 届。这样既可以防止校长在一所学校任职时间过长而引起的惰性，又可以促使校长勤于政务，奋发拼搏，廉洁自律，开拓创新，全心全意为师生服务。并且可以使一般校长尽快成熟，促使优秀校长流动，去治理好较差或一般的学校，从而达到优秀校长资源共享的目的。

（7）坚持依法治校。一套完整的法治教育管理体系，建立校长权力制衡机制，对校长的施政行为实行时时处处的监督，这是学校规范化、法制化发展的要求。学校管理体系的建立可以参照现代企业制度的管理结构，成立由教育主管部门、教职工代表等参加的监督管理机构对校长进行监管。

（8）完善校长考核制度和校内监督制度。对校长的考核首先要制定精细化的考核细则，对德能勤绩廉等各方面都有详尽的规定。其次要实行回避制度，使师生知无不言，言无不尽。要加强书记岗位的建设。要充分发挥教代会的民主管理作用，把校长的权力置于教代会的监督之下，使学校管理从决策到实施、考核、奖惩都有师生的参与。

总之，要想保障教师、学生的合法权益，必须改革现行的校长负责制，加强对校长工作的监督、制约和促进。只有这样校长负责制才会更深刻地影响中国的教育改革，促进教育事业的发展。

（二）对干部的评价与考核

1. 考核目的

为了进一步加强学校行政人员管理，在"崇和悦上"办学理念的充分调动下每位行政人员积极工作，和谐相处，发挥各人的特长，爱岗敬业，无私奉献，切实做好教学保障和服务工作。从 2006 年 9 月起对学校行政人员实行学期量化考核，为了保证考核评价的合理、公平和科学，特制定以下考核实施细则。

2. 考核对象

全体行政管理人员。

3. 考核内容及办法

考核内容为德、能、勤、绩四个方面。

（1）职业道德方面（30 分），具体包括以下内容：

①维护学校稳定，不利于团结的话不说，不利于团结的事不做，努力

构建和谐校园（8分）。有违反此规定受到领导批评的每次扣2分。

②按时参加学校规定和要求的各种会议及集体活动等（6分）无故不参加一次扣1分，扣完为止。

③服从领导分配，工作中不打折扣，团结同志，既有分工又有合作（6分）不服从领导分配工作，一次扣2分，和同事发生口角现象一次扣2分，扣完为止。

④爱岗敬业，服务热情（6分）；服务态度差，不能做到爱岗敬业，每次扣1分。

⑤举止文明，注意个人仪表（4分）；举止不文明，不注意个人仪表，受到领导批评的每次扣1分，扣完为止。

（2）岗位工作方面（30分），具体包括以下内容：

①计划、总结完成情况（6分）。不按时完成工作计划扣3分，不按时完成工作总结扣3分。

②工作勤恳，任劳任怨，能出色完成日常工作（6分）。不能认真完成岗位工作，受到领导批评的一次扣2分，扣完为止。

③圆满完成领导分派的临时性工作（6分）。无故推诿或不按时完成的一次扣2分，扣完为止。

④服务意识强，工作积极主动（6分）。服务意识不强，工作拖拉、推诿，一次扣2分，扣完为止。

⑤工作以身作则，管理到位，无重大事故（6分）。工作责任心不强，措施落实不到位，造成工作失误或不良影响的，视情节情况一次扣2～6分。

（3）履行制度方面（20分），具体包括以下内容：

①模范遵守学校的各种规章制度（6分）。不能遵守学校的各种规章

制度，违反一次扣 2 分，扣完为止。

②按时上下班，无迟到、早退现象（4 分）。上下班时间不能按时签到，每次扣 0.5 分，扣完为止。

③认真执行学校坐班制度，不擅离职守（4 分）。学校办公室查岗，一次不到者扣 1 分，扣完为止。

④无故旷工，无故不参加升旗仪式（6 分）一次扣 0.5 分。无故旷工一天扣 2 分，无故不参加升旗仪式（6 分）一次扣 0.5 分，扣完为止。

（4）工作业绩方面（20 分），具体包括以下内容：

①能创造性地完成分管工作，为联升小学发展做出较大贡献的（6 分）。创造性地完成记 6 分，一般完成记 4 分。

②在工作中受到全校师生好评或受到各级领导好评（4 分）。由于本人工作失误，在师生中造成不好影响的，一次扣 1 分，扣完为止。

③工作积极主动，成绩突出者（6 分）。

④管理育人，服务育人，效果显著（4 分）。管理育人，服务育人，效果明显受到师生好评者记 4 分，效果不显著者记 2 分。

4.考核办法

（1）办公室加强平时考核，对照考核细则，各处室分管领导要建立考核记录。

（2）每学期末，由校长考评，依据行政人员量化考核细则表，结合平时考核情况对每位行政人员进行打分。

5.考核等级与奖励

（1）考核等级为 A 等，不足 60 分为 C 等，其余为 B 等。

（2）奖励：由校委会商量决定。

6. 考核时间

每学期考核一次，年终总评。

7. 有下列行为之一者，不得评为先进工作者或进入优秀档次

（1）有违反《中小学教师行为规范》行为者。

（2）一学期行政查岗有 3 次不到岗者。

（3）因个人行为不当，给学校造成经济和声誉损失者。

表 3-1 联升小学行政人员量化考核表

内容	评估细则	分值	平时记分			得分
德 30 分	维护学校稳定，不利于团结的话不说，不利于团结的事不做，努力构建和谐校园	8				
	按时参加学校规定和要求的各种会议	6				
	服从领导分配，团结同志，既分工又协作	6				
	爱岗敬业，服务热情	6				
	举止文明，注重个人仪容	4				
能 30 分	计划、总结完成情况	6				
	工作勤恳，任劳任怨，能出色完成日常工作	6				
	能圆满完成领导分派的值周工作	6				
	服务意识强，刻苦钻研业务知识，工作积极主动	6				
	工作以身作则，管理到位，无重大事故	6				
勤 20 分	模范遵守学校的各种规章制度	6				
	按时上下班，无迟到、早退现象	4				
	认真执行学校坐班制度，不擅离职守	4				
	无故旷工，无故不参加升旗仪式	6				
绩 20 分	能创造地完成分管工作，为学校发展做出较大贡献	6				
	在工作中受到全校师生好评或受到各级领导好评	6				
	工作积极主动，成绩突出	4				
	管理育人、服务育人，效果显著	4				

（三）后勤处工作的指导与管理

1. 食品安全与膳食管理

（1）指导思想。以全校师生身体健康和生命至上为原则，以《中华

人民共和国食品安全法》为指导，高度重视食品安全工作。

（2）成立以校长为组长的领导小组并明确职责。

组长：校长。

副组长：食品安全管理员、安全管理员。

成员：食堂所有从业人员。

（3）制定各环节的管理制度。

2. 食品安全管理制度

（1）严格遵守《食品安全法》《食品安全法实施条例》等法律法规以及管理规范、工作制度，确保提供的食品安全。

（2）保持食品经营（服务）场所内外环境整洁卫生，每天清扫、及时处理废弃餐厨垃圾。

（3）采购食品及食品原料、食品添加剂应向供应商（户）索取食品生产、经营许可证件、产品《检验合格证》和相关票据等资料，并建立台账存查。

（4）食品贮存、运输及销售（分发）过程做好防蝇、防鼠、防蟑螂、冷藏（或保温）等防护措施，确保食品不接触有毒有害物质和不洁物品。

（5）不加工来源不明、掺假掺杂、腐败变质的食品及死因不明的禽、畜肉及其制品。

（6）餐饮具及盛放直接入口食品的容器，使用前必须清洗、消毒。使用的洗涤剂、消毒剂应对人体无毒、无害。

（7）所有从业人员应保持个人卫生整洁，定期进行健康体检，持有效的健康证明上岗。烹制、加工、销售（配餐）食品前先将手洗净、消毒，穿戴清洁的工作衣帽，使用专用用具。

（8）定期组织开展食品安全知识、岗位操作技能和规范的学习培训，增强员工食品安全意识。

（9）食品烹制、加工用水符合国家生活饮用水卫生标准。

（10）在食品烹制、加工过程中，不违法添加非食用物质和滥用食品添加剂。

餐饮服务食品安全管理员公示牌（工作证）如图3-4所示。

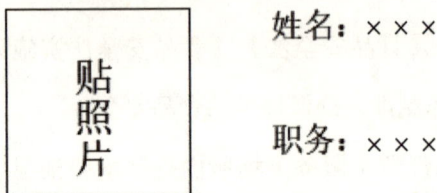

<table>
<tr><td rowspan="2">贴
照
片</td><td>姓名：×××</td></tr>
<tr><td>职务：×××</td></tr>
</table>

图3-4　餐饮服务食品安全管理员公示牌（工作证）

3.从业人员健康制度

（1）本单位的法定代表人（负责人）为食品安全第一责任人，食品安全管理员由专（兼）职人员负责，协助法定代表人（负责人）负责本单位的食品安全管理工作。

（2）制定食品安全管理制度和岗位责任制度，指导从业人员履行岗位职责，并对执行情况进行督促、检查。

（3）组织从业人员进行健康检查，建立健康检查档案，督促患有有碍食品安全疾病的人员调离直接接触入口食品的工作岗位。

（4）组织从业人员参加食品安全法规和岗位操作技能培训，建立培训档案。

（5）检查食品加工过程的卫生状况、操作规范的执行情况，每日有检查记录；对检查中发现不符合要求的行为，应及时制止并提出处理意见。

4. 餐饮服务从业人员管理制度

（1）餐饮服务从业人员必须取得有效的健康证明后方可上岗。

（2）坚持四勤（勤洗手、勤剪指甲、勤理发、勤换洗工作衣帽），穿戴整洁统一的工作服。工作前、处理食品原料后或接触直接入口食品前，须用流动水洗净消毒双手。

（3）食品处理区的从业人员应穿戴整洁的工作衣帽，头发全部置于帽内；不留长指甲、上班不涂指甲油、佩戴饰物等；不在食品处理区内吸烟、吃东西。

（4）餐饮服务从业人员要严格遵守操作规程，不面对食品打喷嚏、咳嗽及做其他影响食品安全的行为；不直接抓取直接入口的食品或用加工工具直接尝味。操作工具用后不随处乱放。

（5）从业人员患有痢疾，伤寒，甲型、戊型、病毒性肝炎等消化道传染病，以及化脓性或者渗出性皮肤病等有碍食品安全的疾病，应及时调离从事直接入口食品的工作岗位。

5. 食品库房管理制度

（1）食品库房应由专人管理，除库房管理人员外，其余人员未经批准不得进入库房。

（2）主食、副食分库房存放，食品与非食品分库房或有效隔离存放，食品仓库内不得存放有毒、有害物品，不得存放杂物等非食品物品。

（3）仓库内要定期清扫，保持库房、货架整洁，经常开窗或用机械通风设备通风，保持干燥。

（4）食品及原料应分类、分架、隔墙离地（均在10厘米以上）整齐摆放，各类食品应有明显标志，有异味或易吸潮的食品及原料应加盖密封保存或分库存放，易腐食品要及时冷藏、冷冻保存。

（5）做好食品数量、质量合格证明或检疫证明的查验工作。在食品购销的台账上详细登记产品名称、供销单位、购销数量、产品批次、保质期限和相关证件是否齐全，相关证件证明及台账记录应当保存2年以上备查。腐烂变质、发霉生虫、有毒有害、掺杂掺假、质量不新鲜的食品，无许可证的生产经营者提供的食品、未索证的食品不得验收入库。

（6）肉类、水产品、禽蛋等易腐食品应分别冷藏贮存。用于保存食品的冷藏设备，必须贴有明显标志并有温度显示装置。肉类、水产类分柜存放，生食品、熟食品、半成品分柜存放，杜绝生熟混放。

（7）冷冻设备定期化霜，保持霜薄（不得超过1厘米）、气足。

（8）进出库由专人验收登记，定期清仓检查，做到勤进勤出、先进先出，防止食品过期、霉变、生虫，及时清理不符合食品安全要求的食品。

（9）做好防鼠、防蝇、防蟑螂工作，安装符合要求的挡鼠板；不得在仓库内抽烟。

6.食品及食品原料采购管理制度

（1）不得采购违反《食品安全法》第二十八条、第四十八条、第五十条规定的食品。

（2）进货前应查验供货商资质，不得采购无《食品生产许可证》《食品流通许可证》的食品生产经营者供应的食品。

（3）做好进货查验工作，查验采购食品及食品原料是否符合相关食品标准要求，不得采购腐败变质、掺杂掺假、发霉生虫、有毒有害、质量不新鲜的食品及原料，不得采购无产地、无厂名、无生产日期、无保质期或标志不清，以及超过保质期限的食品。

（4）采购肉类应查验是否为定点屠宰企业屠宰的产品，并查验检疫合格证明；不得采购没有检疫合格证明的肉类。进口食品及其原料应具有检验检疫机构出具的检疫合格证书。

（5）采购食品、食品原料、食品添加剂和食品相关产品应严格索证索票，包括供应商资质证明、产品合格证明、发票、收据、供货清单等。

（6）建立食品采购索证和进货验收台账记录，指定专（兼）职人员负责，并按时间顺序存档管理。采购记录应当如实记录产品名称、规格、数量、生产批号、保质期、供货者名称及联系方式、进货日期等内容，或者保留载有上述信息的进货票证。

（7）台账存放应方便查验，记录、票证的保存期限不得少于2年。

7. 粗加工间（区）管理制度

（1）各种食品原料不得就地堆放。清洗加工食品原料必须先检查质量，发现腐烂变质、有毒有害或其他感官性状异常，不得加工。

（2）加工肉类、水产品、蔬菜类的操作台、用具和容器，要分开使用，并要有明显标志。盛放海产品的容器要专用，肉类、水产品等食品不落地存放，荤素食品分池清洗。

（3）分设肉类、水产类、蔬菜类加工洗涤区或池，并要有明显标志。食品原料的加工和存放要在相应场所进行，不得混放和交叉使用。

（4）蔬菜类食品原料要按"一择二洗三切"的顺序操作，彻底浸泡清洗干净，做到无泥沙、无杂草、无烂叶。

（5）肉类、水产品类食品原料的加工要在专用加工洗涤区或池进行。食品盛器用后应冲洗干净，荤素食品分开盛放。

（6）做到刀不锈、板不霉，整齐有序，保持室内清洁卫生。加工结束后，要及时清洗地面、水池、加工台，工具、用具、容器清洗干净后定位存放；切菜机、绞肉机等机械设备用后拆开清洗干净。

（7）废弃物应置于带盖的污物桶内，及时倾倒，保持内外清洁卫生。

（8）不得在加工、清洗食品原料的水池内清洗拖布。

8. 烹调加工管理制度

（1）加工前应检查食品质量，腐败变质、有毒有害的食品不得烹调加工。

（2）食品应充分加热，中心温度不低于70摄氏度。油炸食品要防止外熟内生，烘烤食品要受热均匀。

（3）烹调后至食用前需要较长时间（超过2小时）存放的食品，应当在高于60摄氏度或低于10摄氏度的条件下存放，需要冷藏的熟制品应放凉后再冷藏。

（4）使用的食品添加剂必须符合国家《食品添加剂使用卫生标准》。

（5）剩余食品及原料应按照熟食、半成品、生食的卫生要求存放，不可混放和交叉叠放。

（6）食品加工煎炸用油，应控制使用次数，重复使用不宜超过三次，重复使用过的煎炸油不能再次用于食品加工。

（7）火锅等餐后残剩油禁止再次用于食品加工。

（8）隔顿、隔夜、外购熟食须回锅烧透后再供应。

（9）灶台、抹布要随时清洗，保持清洁。

（10）工作结束后，各种食品调味料应加盖，工具、用具须洗刷干净，灶面、地面应清洗冲刷干净，不留清洁死角，及时清除垃圾，做到班产班清。

9. 配（分）餐间管理制度

（1）配（分）餐间要设有洗手、消毒设施。工作人员进入配餐间应穿戴整洁工作衣帽和口罩，按照规范并将手洗净、消毒。

（2）每次配（分）餐前，要进行空气和操作台消毒，使用紫外线灯消毒的工具，应在无人工作时开启 30 分钟以上。

（3）设有与配（分）餐相适应的操作台和能够开合的食品传输窗。成品饭菜应放在操作台上，不得直接放在地上。

（4）食品加工好后应在 2 小时内食用，采用热藏（水浴备餐台、加热柜等）或冷藏备餐。热藏食品温度保持在 60 摄氏度以上，冷藏食品温度保持在 10 摄氏度以下。

（5）配（分）餐前认真检查食品质量，发现提供的食品可疑或者感官性状异常，应立即撤换并做出相应处理。

（6）存放、夹取和传递食品的容器、工具使用后，应及时清洗消毒、密闭定位保存。

（7）配（分）餐间每日使用后应对操作台面、地面进行清理，对空气和操作台消毒。

（8）传送窗口未使用时必须关闭。

（9）配（分）餐间内不得存放与食品无关的物品。

（10）配（分）餐时，非配餐间工作人员不得出入配（分）餐间。

10. 餐用具清洗消毒管理制度

（1）设置独立的餐用具清洗消毒间，配备与经营规模相适应的清洗、消毒和保洁设备。

（2）每餐收回的餐用具，应立即清洗消毒，不得隔餐隔夜。

（3）餐用具清洗消毒工序合理，按"一刮二洗三冲四消毒五保洁"的顺序操作，严格执行操作规范。

（4）餐用具消毒前必须清洗干净，消毒后的餐用具表面光洁、无油渍、无水渍、无异味、无泡沫、无不溶性附着物。餐用具消毒后及时放入保洁柜密闭保存、备用，不得与其他物品混放。

（5）餐用具采用煮沸或蒸汽消毒。煮沸消毒温度必须达到100摄氏度，消毒时间应在3分钟以上。蒸汽消毒温度达95摄氏度以上，时间不少于15分钟。餐饮具消毒后用消毒巾擦干或自然晾干。

（6）不宜使用物理消毒的餐用具，可采用化学消毒方法。清洗用的洗涤剂、消毒剂必须符合国家有关标准和要求，对人体安全、无害。消毒液浓度、消毒时间必须严格按消毒液的使用说明进行。

（7）盛放已消毒餐用具的保洁柜要经常擦洗消毒，已消毒和未消毒的餐用具要分开存放。

（8）清洗餐用具的水池专用，不得在洗餐用具池内清洗食品原料或冲洗拖布。

（9）废弃物品应放入带盖的容器内，不得外溢，及时清理。

11. 餐厨废弃物处置管理制度

（1）餐厨废弃物应分类放置，存放在有盖的容器中，做到日产日清。

（2）废弃油脂应存放在标有"废弃油脂专用"字样的专用密闭容器内，由专人负责管理。

（3）废弃油脂只能销售给经相关部门许可或备案的废弃油脂加工单位和从事废弃物收购的单位，不得销售给其他单位和个人。

（4）餐厨废弃物产生、收运、处置单位要建立台账，详细记录餐厨废弃物的种类、处置时间、数量、收购单位、用途、联系人、电话、地址、收货人签字等情况，并长期保存备查。

（5）不得用未经无害化处理的餐厨废弃物喂养畜禽，不得随意倾倒、排放废弃油脂。

（6）严禁乱倒乱堆餐厨废弃物，禁止将餐厨废弃物直接排入公共水域或倒入公共厕所和生活垃圾收集设施。

12. 食品安全突发事件应急处置预案

如果发生疑似食物中毒事故，应立即采取以下措施。

（1）逐级报告：发现短时期内出现多例有呕吐、腹泻等类似食物中毒症状的病人时或接到食物中毒通知，餐饮单位负责人应及时向食品药品监督管理部门报告。报告内容有发生中毒的单位、地址、时间、中毒人数及死亡人数、主要临床表现、可能引起中毒的食物等。

（2）救治病人：在向监管部门报告的同时以最快的速度将中毒人员送往医院，积极配合协助有关部门救助病人。

（3）保护现场，保留样品：封存造成食物中毒或可能导致食物中毒的食品及其原料、工具设备和现场，无关人员不得进入厨房操作间。病人的排泄物（呕吐物、大便）要留样，以便有关部门采样检验，为确定食物中毒提供依据。

（4）如实反映情况：配合食品药品监督管理部门进行调查，按照要求如实提供有关材料和样品，与本次中毒有关的人员应如实反映情况，将病人所吃的食物，进餐总人数，同时进餐而未发病者所吃的食物，病人中毒的主要特点，可疑食物来源、质量、存放条件、加工烹调的方法和加热的温度、时间等情况如实向有关部门反映。

（5）对中毒食物的处理：在查明情况之前对可疑食物应立即停止食用并按规定封存。配合食品药品监督管理部门对引起中毒的食物及时进行处理。

（四）司机及校车管理

校车接送工作是学校安全工作的重要部分，广大教职工应提高自身的服务意识，真诚地为学生服务，尤其是司机和接送老师，首先，树立"安全第一"的思想，必须有细心和耐心的良好工作态度，同时作为老师和司机考核的一个依据。为了搞好本部门工作，确保学校教学工作顺利开展，接送老师和司机必须做好如下若干要点。

1. 驾驶员的工作职责与要求

（1）树立高度的主人翁责任感，以校为家，凡事以学校的利益为重，严格遵守学校的各项规章制度，服从调配和各种工作安排，虚心接受领导的批评指正。

（2）安全是驾驶员最高宗旨。因此，驾驶员驾驶车辆时必须携带驾驶证和必备的证件，要严格遵守交通法规，保证行车安全，不出任何事故，行车时做到"六不准"——不饮酒、不吸烟、不盲目开快车、不闯红灯、不越线行驶、不与他人谈笑风生。服从交通民警的指挥和检查。

（3）安全接送学生是校车驾驶员最基本、最重要的工作职责，也是最高宗旨。因此，驾驶员在接送学生时要严格按照学校规定的每一条线路运行，按时按点依次停车接送学生，严禁出现到站不停车，车未停稳就上下车，学生未下完就开车的现象。原则上要把每一个小孩上学准时接来，放学准时送到站点。对待家长要和气，有礼貌。司机与跟车教师要密切配合，按车次点名上车，跟车老师未到岗时，司机不可打开车门；各路车出车时，不得争先恐后，应在所有学生上完车后，按排列顺序出车；非特殊情况不允许学生上错车，以免给家长接送带来麻烦。如果家长未来接学生，要把学生带回学校，绝不允许有丢失学生的情况发生。

（4）校车代表着学校的形象，爱护车辆是每个驾驶员的工作职责，不得猛开车，猛刹车，要科学地驾驶车辆，以延长车辆使用寿命，同时要做到"四勤"：勤检查、勤擦洗、勤检修、勤保养。在行驶过程中发现有不正常的振动、噪音、气味时，应立即停车检查，发现隐患要及时处理，处理不了的事情要立即报相关领导。

（5）做好校车日常保养工作：

①检查燃油、机油和冷却水容量是否正常。

②检查各部位是否漏油、漏水、漏气并及时排除故障。

③检查轮胎气压是否正常，各标志灯、信号灯、划雨器是否正常。

④检查刹车、离合系统工作是否正常。检查蓄电池、液面高度，并添加充足。

⑤发动机启动后，察听有无异响，排气烟色是否正常。

⑥清理发动机外部清洁。紧固各螺栓、螺母无松动。

⑦定期四轮保养、发电机保养、马达叶窗保养、更换机油、蓄电池保养等。

⑧车辆需要维修、保养时，应通过领导批准才可以进行。不准在送车途中修车，如因意外情况必须在中途修车时用电话报告，跟车老师签字。修车过程中，司机不得离开，待维修完毕，立即开回指定地点整齐停放。

（6）做好校车的保洁工作：勤打扫、勤清洗，保持车辆内外清洁卫生，正常每周洗车两次，每天两次打扫，确保车亮窗净、无泥无尘。

（7）加油工作：驾驶员要经常查看油表，发现油表油量不够时要及时向主管领导汇报并领取加油卡添加车辆用油。加油应在接送完学生后进行，加油后应仔细检查，上好油箱盖。

（8）值班工作：驾驶员值班实行轮流制，负责学校日常工作的出车需要，值班司机上班时间为周一至周日。当周值班司机应待在学校，坚守岗位，随叫随到，无特殊情况不许离校，所有司机在上班时间必须保持手机联系畅通，不得影响工作。

（9）校车在学生接送完毕后应按指定位置摆放整齐，锁好门窗并把钥匙放在办公室指定位置。

（10）驾驶员须随时接受学校临时加派的工作任务。

2. 跟车老师工作规则及要求

（1）每次接送，老师要备好乘车学生花名册、学生出勤表。

（2）实施点名制，到达各站点接送学生时，接送老师应按学生出勤表的学生名单一一查对学生证。早上，若学生缺席，应及时与家长电话联系，并填写缺乘卡给班主任，做到不漏接。

（3）学生家长对校车接送提出的要求，接送老师做合理安排，若有难处，须向家长耐心解释，变动情况落实后在登记表上做详细的记录，变换校卡后及时向班主任反映。

（4）接送学生时，每到达站点，老师必须先下车站在车门口，然后组织学生有秩序地上下车。过马路的学生，老师应亲自接送，将学生送过人行道，并叮咛小学生不要在路上停留。

（5）下午接车，接车老师应提前到达岗位，并在这之前，按花名册清点各班学生人数，如有缺乘学生应及时向班主任或管理人员查清原因。

按时做好接送工作，尤其是家长到点接送的学生，一定要亲自交给家长，若家长没及时接孩子，给该家长打电话说明缘由后，将学生带回学校交给班主任处理，绝不可大意，私自放下学生或托付他人。

（6）做好安全教育及养成教育的工作，创建文明校车。接车教师应随时地关注学生的举动，要求学生按编排就座不准在车上随意走动，不准把头、手伸出窗外。文明乘车，互助互爱，教育学生使用文明用语，如"早上好！""老师同学们再见""对不起，请让一让"等。教育学生爱护公物，不准破坏车辆座椅、车窗，不准随地丢垃圾、吐痰，也不能往车窗外丢垃圾，要养成良好的卫生习惯。

（7）跟车老师要礼貌待人，严格要求自己，严禁在车内吸烟，不得与学生嬉戏、玩闹，不和家长、司机、学生发生争执，不粗暴对人，如果车辆晚点到站要耐心跟家长做出解释。如遇有突发事件应及时向学校有关部门汇报。

（8）每趟车送走最后一个学生时，接车老师应及时在车内做巡查，以防学生睡觉忘记下车。

（9）各站点要规范管理培养、指导1～2名车队长，若干名小队长协助维护校车秩序。排队上车，由车队长负责组织，严禁学生下车后自由进入校园。

（10）监督好司机行车速度，与司机密切配合好，确保行车安全。

（11）认真听取家长的意见，及时向学校反馈信息。

3.学生乘车安全教育制度

（1）学校要要求班主任告知学生的乘车线路、车辆、座位。学校要为每辆车提供一份花名册。

（2）乘车学生必须严格遵守乘车纪律，本着先下后上的原则，不喧哗、不打闹、不拥挤。

（3）自觉维护车内外卫生，不在车内吃零食，乱扔垃圾；爱护校车内的一切设施，不得损毁。

（4）乘坐校车的学生应准时在校车乘车点等待校车，做到不打闹、不乱跑。

（5）上下校车应遵循校车随车人员的指挥，有秩序地上下车。

（6）第一趟校车到校后，乘车学生立即有组织、有纪律地下车进入教室，以保证第二趟校车准时发车。

（7）乘坐第二趟校车的学生应耐心等待校车，不私自乘坐其他车辆。

（8）定期参加学校组织的校车安全教育培训会议和活动。

（9）认真参加学校组织的校车安全演练。

（10）学生必须保证家长联系方式的真实有效，如若更改联系方式应及时通知跟车老师。

（11）不许乱动车内逃生安全设施（安全锤、应急门开关等）。

（12）学校、各班应利用橱窗、黑板报、大小会议、课间操、班会对学生进行乘车安全教育，总结经验，整改问题；乘车安全教育要时时讲，天天讲，人人讲。

（13）要建立信息平台，公布举报电话。要求教师、学生、家长及社会对违规运行的校车进行举报。

4.学生上下车乘车安全管理制度

（1）实行校车车辆户籍化管理。建立校车接送学生车辆行车路线、驾驶证号、载客人数、车况等管理档案，严格审查驾车司机资格。

（2）建立健全调度、抽查、车检等各项规章制度。

（3）严格校车安全技术标准，做好学生接送校车外观标志喷涂和标牌办理申报工作。

（4）严格坚持"两必须""六不允许"原则。"两必须"即送学生校车必须具备合法手续，车况良好，并按规定进行年检；驾驶员必须具备有效驾驶证件，且具有三年以上实际驾驶经历，无事故记录，准驾车型必须合乎要求；"六不允许"即不允许超员、超速行驶，不允许学生坐在副驾驶位置，不允许司机疲劳或酒后驾车，不允许求近走危险路段，不允许车门边站学生，不允许学生把头、手伸出窗外。

（5）深入开展交通安全宣传教育。通过上交通安全课、告学生家长书等形式，督促学校和学生家长坚决拒乘不合格接送校外车辆；开展校车司乘人员安全教育，落实校车、驾驶人员管理制度和教师跟车制度，组织校车驾驶人员学习交通安全法律法规。

（6）乘车学生必须做到以下内容：

①不在车内高声喧哗打闹、打架、骂仗。

②不得将头、手、胳膊伸出窗外。

③车停稳后，按顺序上下车，不得抢占座位。

④车上的同学不得与下车的同学交谈。

⑤不准在车内吐痰、扔垃圾。

⑥严格遵守乘车时间。

⑦乘坐有驾驶证、行驶证、保险的且车况好的校外车辆。

5. 跟车老师须知

（1）下课铃响前10分钟到车门等候学生。

（2）文明服务，为学生做出表率，使用礼貌用语"你好""再见"。

（3）接送学生做到每趟清点乘车人数，缺乘人数，并查实缺乘原因，上报校主管领导。

（4）要求学生依次排队上车并坐好。

（5）要求学生严格遵守乘车纪律。

（6）要求学生讲究卫生，关心他人，主动让座。

（7）老师先下后上，并护送学生过马路。

（8）要提醒司机到接送点前准备停车。

（9）按照下车地点的远近安排学生就座（即先下车的学生坐前排，后下车的学生坐后排），避免下车拥挤。

6. 接送工作对班主任的常规要求

（1）校卡管理。在开学的第一天，班主任应为学生填写好学生卡，根据校车变动情况及时更换学生卡，卡上所有栏目必须填写完整，不可空缺，尤其是车号趟次，一定要填写准确，有不清楚的地方在放学前到相关老师处询问，学生要做到凭卡上车。

（2）安全管理方面包括以下内容：

①早读课前，若有学生未到的，班主任应马上与家长电话联系，了解情况，并做缺勤记录。

②加大安全教育的力度，树立和提高学生的安全意识。以主题班会的形式组织学生学习相关的交通规则以及中小学生守则和行为规范。对乘车上学、走读的学生加强管理、严格要求，对乘车的学生要加强教育，在车上要遵守乘车纪律，下车后要及时回家，早晚要按时乘车，排队上车。

（3）接送管理方面包括以下内容：

①下午放学组织程序：组织学生列队上车时间为 5 分钟，各班科任老师和班主任不得随意拖堂，未经允许不得私自留下乘车学生，请假、早退的学生要填好缺乘卡交给相关跟车老师。

②乘第一趟车的学生如因拖堂或老师私自留下而致其在规定时间内还未上车，由跟车老师登记名字交办公室，每人次扣该班班主任 1 分。

③学生的乘车纪律将与跟车老师及班主任的部分津贴挂钩。如有学生严重违反乘车纪律的（说粗话、打架、欺负小同学等）不听劝阻的，乘车老师要做好登记，及时反馈办公室，学校将对其做相应的处分和教育。

（五）安全与卫生管理

1.安全管理

学校安全工作事关千家万户的幸福，是维护社会稳定，推进学校素质教育顺利实施的重要因素。我校坚持以防为主，积极开展各类安全知识培训、教育活动，落实各项防范措施，使全校师生的法制观念、道路交通安全意识、消防意识等其他安全意识显著增强。结合各项安全工作的开展制定了一系列的安全制度。

（1）联升小学安全隐患排查管理制度。保证学校教育教学的正常秩序，保证师生人身安全和学校财产安全，切实抓好安全工作，根除安全隐患，特制定本制度。

第一条：学校安全隐患排查工作，由学校安全工作领导小组按有关规定安排排查人员；各排查人员必须有高度的警惕性，极强的责任感、使命感，按有关安全规章及学校规定高质量地完成工作任务、责任目标。

第二条：根据我校实际，落实以下安全排查责任人。

①班级责任区内安全隐患排查责任人：各班班主任。

②食堂设施设备、食品安全就餐安全排查责任人：食堂从业人员。

③闲置房、危房、用房、公用设施设备安全隐患排查责任人：总务主任。

④体育设施设备、场地安全检查、饮用水安全隐患排查责任人：专职体育教师。

⑤学生机房、多功能室安全隐患排查责任人：专职计算机教师。

⑥图书室、阅览室安全隐患排查责任人：图书管理员。

⑦校门一带安全隐患排查责任人：保安值班人员。

第三条：排查人员既是安全隐患排查人，又是安全管理员，因此消除安全隐患的重点是做好安全防范工作，要根据各岗位的特点，通过各种方法保证学校设施设备、食品和饮用水的安全性。

第四条：排查工作采用轮流密集排查方式，要求排查人员根据排查对象的特征所确定的排查时间进行间隔排查（经常留意观察，一周一小查，一月一大查）。

第五条：排查专人在排查时要认真仔细，不能有任何疏漏，除不可抗原因外，出现安全事故，追究责任人的责任。

（2）联升小学教师安全教育培训计划包括以下几个方面：

①指导思想。以习近平新时代发展理念为指导，贯彻落实"以人为本"的思想，全面建设"平安校园"，坚持"安全第一、预防为主"的方针，组织在校教师培训，全面提高教师队伍安全素质，促进学校安全工作，为我校持续健康发展创造良好的安全环境。

②培训目标。通过培训使教师掌握有关学校安全工作的法律法规等。

③培训安排如表3-2所示。

表 3-2　培训安排表

时间	内容	负责部门	主讲人
一月份	学生伤害事故处理办法	校长室	校长
二月份	开学安全工作学校卫生工作条例	校长室	安全负责人
三月份	传染病防治法	校长室	疾控负责人
四月份	未成年人保护法	校长室	德育负责人
五月份	防震减灾法，防溺水安全教育	校长室	安全负责人
六月份	暑期学生安全	教导处	校长
九月份	开学安全工作《中小学幼儿园安全管理办法》	校长室	校长
十月份	教师法	教导处	教师与发展中心负责人
十一月份	消防法	校长室	安全负责人
十二月份	义务教育法	校长室	校长

④工作要求。提高认识，统一思想。要提高对安全培训重要性的认识，结合实际，创新思路，强化"保安全就是促发展、抓培训就是保安全"的观念，增强学习培训活动的自觉性。

（3）联升小学门卫（保安）制度包括以下内容：

①门卫、值班、巡逻人员，必须坚守岗位，认真负责地做好值勤工作，不得擅离职守。

②门卫值班人员，必须提高警惕，坚持原则，履行职责，来访人员、机动车辆的登记，联系工作凭身份证和介绍信，探亲访友应填来访登记表。

③物资器材出校一律凭出门证、提货单、调拨单、发票，经门卫检查核对相符后才能出校。发现可疑物资应进行盘问并及时报告。

④担负昼夜巡逻，守护人员，应严格履行职责，携带自卫器具，发现违法犯罪嫌疑人员应奋力擒拿，并报告公安机关。

⑤夜间巡逻，守护人员严禁酒后上岗，不得睡班，每次巡查情况应记录在案。为了维护正常的教学秩序，使学校的财产免受破坏，保障师生员工人身安全，特制定学校门卫制度。

校外人员进入学校必须到门卫值班室登记，经门卫值班人员同意后方可入校。学校师生、员工、家属及校内临时工进校时应主动出示有关证件；否则，门卫人员有权加以阻拦。

骑自行车出入本校门，一律下车。自行车入校必须按指定的地点停放。任何人的自行车（包括教职员工）不得驶入教学区，不得停放在办公楼和实验楼附近。

非本校机动车辆不得随意进入校园，凡须进入校园的车辆必须经门卫同意，车辆进入校园后均要慢行，不得鸣笛，不得进入教学区。

各类商贩不得以任何借口进入校园或在学校门口周围摆摊叫卖。

携带物品出校（如电脑、电视机、收录机、木料、钢材、桌椅等）必须到门卫值班室登记，并说明情况。属学校财产的必须持有学校总务处的证明，否则，门卫有权追问并扣留。

上课期间，学生不准会客，有特殊情况要求出校的学生，必须有班主任、学生处的签条，否则，一律不得出行，杜绝发生因学生逃学而在校外出现意外事故。

外来人员未经学校领导批准，不得进入学校食堂、学生宿舍和班级。

每天上下学时间，校门要全部敞开，管理好本部门口的安全，防止拥挤和踩踏等伤害事故的发生。上课时间本部门要全部封闭。

放学后，要认真检查各室门窗是否关牢、锁好，应关电源是否切断，发现问题及时处理，必要时要向主管处室领导汇报。

任何人进入校园必须遵守学校有关规定，对拒不服从管理，无理取闹，情节严重者，学校保卫人员可采取必要的手段维护学校安全，或将其送交公安机关处理。

（4）联升小学校园网络安全管理制度。为了保护学校校园网络系统的安全、促进学校计算机网络的应用和发展、保证校园网络的正常运行和网络用户的使用权益，制定本安全管理制度。

①校园网络使用者必须遵守国家有关法律、法规，必须遵守《中华人民共和国保守国家秘密法》和国家保密局《计算机信息系统国际互联网保密管理规定》。

②校园网络的所有用户必须接受学校依法进行监督检查和采取的必要措施。遵守学校的管理制度，爱护网络设备，正确使用网络设备，保证网络设备的正常运行。

③网络管理中心机房要装置调温、调湿、稳压、接地、防雷、防火、防盗等设备，保证网络设备的安全运行，要建立完整、规范的校园网设备运行情况档案及网络设备账目，认真做好各项资料（软件）的记录、分类和妥善保存工作。

④除信息处外，其他单位或个人不得以任何方式试图登录校园网后台管理端，不得对服务器等设备进行修改、设置、删除等操作。

⑤校园网对外发布信息的 Web 服务器中的内容，必须经发布信息的学校部门负责人审核，交校办公室审核备案，由信息处从技术上开通其对外的信息服务。

⑥网络使用者不得利用各种网络设备或软件技术从事用户账户及口令的侦听、盗用活动，该活动被认为是对校园网网络用户权益的侵犯。

⑦为防范黑客攻击，校园网出口处应设置硬件防火墙。若遭到黑客攻击，网络管理中心必须在 24 小时内向当地县级以上公安机关报告。

⑧严禁在校园网上使用来历不明及可能引发计算机病毒的软件。外来

软件应使用经公安部门颁发了《计算机信息系统安全专用产品销售许可证》的杀毒软件检查、杀毒。

⑨不得在校园网及其联网计算机上传送危害国家安全的信息（包括多媒体信息），不得录阅传送淫秽、色情资料。

⑩校园网的系统软件、应用软件及信息数据要实施保密措施。信息资源分不同的保密等级对学校各部门开放。

⑪对校园网站内各交互栏目实现管理员24小时巡查制度，双休日、节假日，要有专人检查网络运行情况。

⑫学校网络管理中心必须遵守国家公安部及省公安厅关于网络管理的各项法律、法规和有关技术规范。合理地对系统进行安全配置，落实各项网络安全技术防护措施，完善系统定期维护更新措施，落实垃圾邮件、有害信息过滤、封堵技术措施，严格防范病毒、木马、黑客等的网络攻击。

⑬服务器系统及各类网络服务系统的系统日志、网络运行日志、用户使用日志等均应严格按照保留60天的要求设置，邮件服务器系统严禁使用匿名转发功能。

2. 卫生管理

（1）联升小学卫生管理办法主要包括以下内容。

①为了从小培养学生良好的卫生习惯，为师生营造干净、优美、舒适的学习、工作、生活环境，特定本管理办法。

②营造和保持学校整洁、优雅的教学环境，全校师生员工须人人参与，人人有责。学校后勤处负责人具体负责学校卫生的策划、分工、检查、评比和奖惩等管理工作，对学校卫生质量负总责，卫生质量出现问题应及时发现整改。

③学校环境卫生实行划片分工、包干负责。班主任对学校分配的卫生包干区、教室负责管理。对学生进行讲卫生教育，保持空气流通，不随地吐痰，不乱扔果皮纸屑，培养学生良好的卫生习惯，组织学生轮流值日，人人有垃圾袋和抹布，桌椅等物体与墙壁保持一定距离，手脚不触墙，更不能在墙壁上涂抹乱画，日日保持整洁。室内物品摆放整齐有序，任何地方无灰尘，无污渍，无卫生死角出现。校园公区也要时时保洁，做到干净整洁。

④教室卫生每天上午一小扫，下午一大扫。课间休息各班安排少量同学到保洁区巡查，发现有不干净的地方，应及时处理，否则视为保洁不力。

⑤教师每天早上上班提前一定的时间搞好个人办公室桌椅及周边卫生，办公室值日老师负责打扫办公室，清除纸篓。住校教职工负责居住房间、走廊、卫生间的卫生，教师个人卫生不得让学生打扫。各功能室卫生由功能室负责人负责组织学生清扫和保洁。

⑥学校学生厕所及操场、排水沟卫生由清洁工负责打扫，并负责节假日校园卫生的保洁工作。学校大门口卫生由门卫负责打扫。

⑦教职工必须为人师表，注意个人卫生，要求衣着端庄大方整洁，举止文明。加强对学生个人卫生的教育与检查，要求衣着整洁，常理发、勤剪指甲，衣服整洁，皮肤无污垢。

⑧清洁校园的方式是：教室门窗擦两次、地板湿拖、干拖各一次，走廊先清扫后拖地，校园先打扫后保洁；做到室内无尘，室外无屑，墙壁无污渍。

⑨教育学生注意饮食安全。教育学生杜绝零食，尤其不吃路边食物。

⑩全校师生员工任何时间，在校园内任何地方发现有垃圾、杂物都应

随手捡起，放到就近的垃圾桶里。

⑪以上办法所有教职员工应严格执行，如有违反，按教职员工量化考核方案执行。

第三节　制度建设

学校制度是学校整体变革的决定性力量，是学校隐性教育的主渠道，对教职工、学生的人生观和价值观等都起着"润物细无声"的作用，因此，需要加强学校制度的建设。有学者认为，制度的建立与完善，其目的在于促进和保障发展主体的健康运行与持续发展。以学校组织作为发展主体，现代学校制度的建立与完善，其目的无非包括两个层面，一是建立和完善有利于学校组织发展的外部环境，二是建立有利于学校组织的自组织机制。也有学者认为学校制度建设不仅是教学效率的提高，还是教育目标的回归。好的学校制度对于理顺学校与其他利益主体的关系、对于促进教育的健康发展意义重大。

一、制度方向目标

（一）制度建设内涵与意义

现代学校制度是一种源于现实教育问题的制度创新。教育问题是教育制度创新的起点和动力源，任何制度的创新都根源于现实的问题，因此，各地区在进行现代学校制度建设的进程中或者是在同一地区不同历史阶段中，对于现代学校制度建设的具体内容会存在不同的关注点。立足于现实，是现代学校制度的基础内涵。

现代学校制度是一整套超越了"学校"范围的制度体系。从各地的实践来看，现代学校制度并不仅是关于单所学校建设的制度，而是包含了政校关系、学校内部管理、学校、家长和社区的互动，其中任何一方面的改革都必须在整个制度的整体设计中才能真正发挥作用。

现代学校制度的终极价值追求是促进教育公平，提高教育教学质量，促进学校、教师、学生的充分发展。任何一项关于现代学校制度的改革都是源于教育发展与教育改革的需求。教育作为一种培养人的活动，其改革的目标始终都是为了促进人的全面发展。因此，现代学校制度的终极价值追求必然与教育本身的价值目标一致，同时反映一个时代的社会价值追求。优质教育资源的扩张，教育的均衡发展，教育的公平就是在我国社会转型和基础教育基本实现"两基"的现状下的进一步追求目标，也自然成为现代学校制度建设的目标。基于以上共同点，目前初步的、待验证的含义被界定为："在知识社会初见端倪和全面建成小康社会的大的社会背景下，能够适应市场经济和建设学习型社会的基本要求，以新型的政、校关系为基础，以现代教育观念为指导，学校依法民主、自主管理，能够促进学生、教职工、学校所在社区的协调和可持续发展的一套完整的制度体系。"[①]

（二）制度建设的价值追求

（1）成功构建了"崇和悦上"文化体系，完善了"和谐课堂""和雅教师""和美学生""上善学生与发展中心""和睿家长"的评价体系，全体师生综合素质得到普遍提高。学校先后被评为广东省"交通安全文明示范学校""东莞市一级学校"、东莞市"先进民办学校""优秀家长"

---

① 范国睿. 政府·社会·学校——基于校本管理理念的现代学校制度设计［J］. 教育发展研究，2005（1）：12–17.

等荣誉称号，一批优秀教师和青年骨干教师迅速成长，有荣获"东莞好人"的潘新昶老师，也有获得"南粤好少年"的姚晨曦同学。

（2）打造学校文化品牌：从构建和谐课堂，打造和雅教师，培养和美学生，凝聚和睿家长等方面入手，逐渐形成"崇和悦上"的办学特色。

①打造具有校本特色的校园文化特色，促进了教育教学的改革。开发完善了校本教材有《花样跳绳》《书法》《美术》等，促进了我校的校本文化开发及传承。尤其是"花样跳绳"课程，在东莞市中小学校中也是独树一帜的，对兄弟学校开发校本文化方面的研究起到了引领作用。

②构建了具有"寓教于乐""合作学习""个性发展"的"和谐课堂"，促进了师生教学成绩的不断提高。课题组对不同学科老师的经典教学设计进行整理，成功汇编了《和谐课堂案例集》，它为老师课堂教学提供了很好的借鉴。

③打造了具有"内外兼修，德艺双馨"的"和雅教师"，提升了老师们的专业技能的成长。老师们悉心研究，大胆创新，对课题研究投入了极大的热情，其中有85%的老师达到了"和雅教师"的标准。老师们的研究心得、撰写论文等被汇编成《雅思录》，作为老师学习与成长的材料。

④培养了具有"诚善进取、睿智尚美"的"和美学生"，促进了学生的综合素养的提升。本次东莞市课题《践行"崇和悦上"办学理念促进民办学校内涵发展的实践研究》的子课题《"和美"学生的实践研究》课题的研究，全体学生积极参与，在特色文化的熏陶下真正快乐地成长，91%的学生成为"和美学生"。《联升小学作文集》《联升小学第二课堂展示集》《联升小学和美学生图文集》等就是最好的见证。

⑤塑造了具有"知和、扬善、心悦、进取"的"上善德育"，加快了

学校"上和"文化的重塑与提升。

⑥打造了具有"开明、智慧、通达、远见"的"和睿家长"，稳定了学校可持续发展。课题组把家长们对学校工作的支持、对孩子们的培养心得汇编成了《联升小学和睿家长成果集锦》，作为今后每届家长成长的学习材料。

（3）融合了传统教育思想与现代办学理念，通过打造"崇和悦上"校园文化引领了学校内涵的发展。

（三）办学理念与发展目标

随着我校办学的规模不断扩大，对"学校文化"认识的逐渐深入，加之学校自身改革的需要，以办学理念为核心的学校文化建设更加成为我校师生关注的问题。经过我们的调查研究发现，导致这种现象的因素主要有以下两方面的原因。

（1）我校办学历程并不长，校园文化积淀并不深厚。我校地处清溪镇荔横工业区，外来务工人员较多，随之衍生的外来人员子女就读人数也接踵而来。特别是民办学校近几年来如雨后春笋般不断崛起，在教学质量、教学条件以及学生生源等方面建树颇多，发展前景较好。为了保证学校的教学质量，很多学校仅从稳定生源入手管理学校，校园文化的建设仅仅停留于表面，而没有深入理解和认知校园文化的内涵，校园文化的建设并没有太大的进展。我校也存在这一突显问题。

（2）以"办学理念"来引领学校内涵的发展基本上还处于初期。之前，东莞市有多数民办学校还处于"创业"阶段，很多学校更多的还是考虑如何保证生源、如何稳定师生、如何规范学校的办学行为等方面上，而对于如何以"办学理念"来引领学校内涵的发展基本上还比较肤浅。我们认为办学理念是一所学校的灵魂，没有深入骨髓、动人心弦的灵魂，学校就无法形成自身的发展特色，在鳞次栉比的学校中千篇一律的办学模式很难适应时代发展的要求。

基于上述情况，通过学习和反思，我们重新对原有的办学理念进行提炼、加工和完善。从2014年7月至2015年4月将近一年的时间里，我们对我校的办学理念进行了重新提炼、完善，最终将"崇和悦上"确定为我校的办学理念。因此我校对"崇和悦上"办学理念的践行就水到渠成，旨在通过"践行'崇和悦上'办学理念，促进民办学校内涵发展的实践研究"这一课题，探索出适合民办学校发展的方式和方法，为打造优质民办学校，推动我校内涵发展提供有益的文化支撑。

1. 核心概念与研究内容

"崇和悦上"的办学理念，是我校办学十多年来提炼出来的精神文化，意为"崇向和谐、追求向上"。这个理念与学校校名"联升"有异曲同工之妙，更是体现了我校的办学追求：在崇尚和谐、合作、融洽、平等、均衡的基础上，形成文明有礼、阳光快乐的文化氛围，从而培养诚善进取、睿智尚美的联升人。本书所讨论的"崇和悦上"办学理念侧重于学校管理的范畴，研究内容包括五个层面。

（1）在"崇和悦上"办学理念的引领下构建"寓教于乐、合作学习、个性发展"的"和谐课堂"的研究。

（2）在"崇和悦上"办学理念的引领下打造"内外兼修、德艺双馨"的"和雅教师"的研究。

（3）在"崇和悦上"办学理念的引领下培养"诚善进取、睿智尚美"的"和美学生"的研究。

（4）在"崇和悦上"办学理念的引领下塑成"知和扬善、心悦进取"的"上善德育"的研究。

（5）在"崇和悦上"办学理念的引领下凝聚"开明智慧、通达远见"的"和睿家长"的研究。

2. 理论依据

（1）现代化教育理念。教育现代化是用现代先进教育思想和科学技术武装人们的头脑。教育思想观念，是一种教育整体转换运动，是对传统教育的超越，是传统教育在现代社会的转化。教育现代化具体包括教育观念现代化、教育装备现代化、师资队伍现代化、教育内容现代化、教育管理现代化等。我校就是从管理方面着手，通过课题研究，打造自己的品牌，形成自己的办学特色，进而为东莞市的教育现代化贡献自己的一分力量。

（2）社会主义核心价值观。社会主义核心价值观的基本内容为：富强、民主、文明、和谐、自由、平等、公正、法治、爱国、敬业、诚信、友善。短短的 24 个字，涵盖了国家层面的价值目标、社会层面的价值取向以及公民个人层面的价值准则。从理论出发，我校"崇和悦上"的办学理念涵盖了师生文明礼仪、遵纪守法、爱岗敬业、诚实守信等方面，努力将学生培养成为"诚善进取、睿智尚美"的时代新人。

（3）现代办学理论。国内外学者对学校文化建设的研究越来越多，李红霞在《国外学者关于文化与学校文化的理解与启示》一文中提及，"学校文化作为学校全体师生共同的价值观念及其表现形式的总和，学校文化建构本质上必然要实现以人文价值为主导的教育文化回归，最终实现学校文化向主体的完全内化。"因此对于学校来讲，办学理念是一所学校绵延流传、长久发展的理想支撑和精神动力，是学校持续发展的灵魂和命脉。

3. 目标意义

通过调查研究，我们希望能够解决学校持续发展的瓶颈问题，构建富有特色的办学理念，创新自己独特的办学模式，把我校建设成镇内一流、市内较有影响力的优质民办学校。

构建"崇和悦上"管理体系：通过细节出规范，和谐自律、"无为而治"的基本管理策略，构建起德育、教学、教师队伍等诸要素的管理体系，丰富学校文化的内涵，实现共同愿景——办学生留恋、教师倾心、家长信任、社会赞誉的特色学校。

构建"崇和悦上"文化体系：学校以"崇和悦上"校园文化为核心，促进我校的内涵发展，打造联升优质文化品牌，引领师生成长、促进学校发展，达到提高学校办学品位，实现环境育人的目标。

初步形成"崇和悦上"办学特色：从构建和谐课堂，打造和雅教师、培养和美学生、凝聚和睿家长等方面入手，逐渐形成"崇和悦上"办学特色，打造联升小学"上和"文化品牌，为广大新莞人子女营造更为优质的学习环境和文化氛围提供了有益的帮助。

本校办学理念研究将为东莞市其他同类型的民办学校提炼并实践办学理念，推进学校文化建设提供借鉴，为东莞市率先实现教育现代化做出应有的贡献。

（一）构建以"崇和悦上"为核心的校园文化体系

形成了我校以"联升文化"为核心，从环境文化、制度文化、管理文化、精神文化四个方面着手，通过完善制度、规范行为，实现和谐自律、自觉养成的基本创新策略，构建起德育、教学、教师、学生、家长队伍等诸要素的校园文化体系。

1."环境文化"的内涵

我校的环境文化内涵主要包括：静态的物质环境文化和动态的人文环境文化。

（1）静态的物质环境文化包括四个方面：一是，为激励师生积极上进，把教学楼分别命名为"睿智楼""尚美楼"；二是，为增强师生体质而设置的篮球场、足球场、乒乓球台、羽毛球场、标准的 200 米环形跑道等各种运动场地；三是，完善了以提高师生自然科学知识为目的的生物园；四是，规范了校园里所有的墙体标语，让每一处墙壁都会说话，都能发挥育人效应。

（2）动态的人文环境文化主要包括四个方面：一是，完善了我校的育人思想——"以人为本，坚持德育为先；突出个性，促进和谐发展"。二是，凝结了"文明和谐、阳光快乐"的校风、"厚德博学、和雅悦教"的教风、"明礼创新、和美乐学"的学风。三是，形成了"读书睿智"的校园大阅读的读书氛围。四是，完善了《联升小学学生一日常规》《联升小学教师一日常规》，加强了师生养成教育，促进了师生综合素质的提升。

（3）优雅的环境文化不仅突显了我校校园的艺术魅力，更是对我校师生产生熏陶、感染和互相激励的作用，从而使师生之间形成强大的凝聚力。

2．"制度文体"的内涵

"制度文化"作为一种外部约束力对学校成员施加影响。而我校制度文化内涵主要通过学校制定和人文公约两个方面来让全体师生形成基本一致的观念意识和行为规范。为了进一步规范全体师生的行为，我们完善了

《联升小学校规》《联升小学教师管理制度》《联升小学学生管理办法》等。为了从思想及意识形态上对全体师生进行更好地引领，我们完善了校训、创作了校歌，更新了《联升小学社会活动管理办法》及《联升小学家校联谊公约》等，逐步实现管理人性化、评价制度化，执行规范化。

3."管理文化"的内涵

作为学校文化的重要组成部分，学校管理文化有着丰富的内涵与鲜明的特征，在规范管理行为、达成管理目标、提升管理效益等方面有着独特的功能与价值。因此，我们在培育和建构具有"崇和悦上"特色管理文化的同时，也确立了人本化的管理理念，健全了人情化的管理制度，创设了人文化的管理环境。我校 "管理文化"体系如下。

（1）行政管理

①严格执行教育法律法规。

②建章立制，依规治校。

③分工负责，科学管理。

④规范学校管理过程。

⑤抓好开学和期末工作。

⑥坚持工作例会制度。

⑦民主管理学校。

⑧抓好档案资料管理。

⑨规范进校书刊管理。

⑩加强校长自我管理。

（2）教职工管理

①实行岗位目标责任制。

②抓好政治业务学习。

③抓好师德修养工作。

④加强教职工出勤管理。

⑤健全教师业务档案。

（3）学生管理

①健全学籍管理制度。

②规范学生编班。

③加强学生考勤管理。

（4）教育教学管理

①严格执行课程计划和课程标准。

②规范教学工作。

③落实教学工作检查。

④加强教育教学研究。

⑤改进和完善评价制度。

⑥加强思想品德教育。

⑦加强学校、家庭与社会的联系。

⑧合理配置校园设施。

⑨抓好学校体育艺术工作。

（5）安全管理

①建立健全安全的工作机构和工作制度。

②加强对师生的安全教育。

③做好安全防范工作。

④实行事故报告制度。

⑤加强卫生健康工作。

4. "精神文化"内涵

经过研究总结，我校的"精神文化"包含以下三个方面。

（1）校风的形成。我校的校风主要表现在校训、校歌、校徽和校旗上。我们的校训是"合和共生、心悦向上"，体现了我校的办学追求：在崇尚和谐、合作、融洽、平等、均衡的基础上，形成文明有礼、阳光快乐的文化氛围，从而培养诚善进取、睿智尚美的联升人。校歌《上和联升》、校徽及校旗图标则是对办学理念的形象诠释，具有对学校师生内在动力的激发作用，催人奋进。它们是办学理念的阐述与升华，写出了联升小学全体师生在"崇和悦上"的办学理念引领下，积极向上，不断进取。

（2）情感的凝聚，即在学校校园文化体系内，全体师生对学校教育、学校文化、班级管理、同事合作、同学帮助、老师和学生特有的认同、参与、热爱的感情已经形成，使全体师生具有很深的责任感、归属感、优越感和奉献精神。2016年12月，我校成功举办了"联升小学十周年校庆暨第六届学校体育运动会"，就是对师生情感凝聚的最好体现。

（3）价值的认同。联升小学全体师生共同创造美好的教育环境，促进学生在德、智、体、美等各个方面得到充分、和谐、全面的发展。这就是联升小学所追求的价值，其中还包括了我校的"校风、校训""尊师爱生"的价值取向，"教育、教学活动优先开展"的价值取向以及"团结、守纪、关爱、进步"的价值取向等。

校园文化体系的构建，引领师生成长，促进学校发展，达到提高学校办学质量、实现环境育人的目标，从而丰富学校文化的内涵。实现了办学生喜欢、家长满意、社会赞誉的特色学校。

（二）探索在"崇和悦上"办学理念下的校园文化体系的实施策略

校园文化体系的实施策略主要通过对"和谐课堂""和雅教师""和美学生""上善德育""和睿家长"五个方面的研究体现出来的。

策略一：构建"寓教于乐、合作学习、个性发展"的"和谐课堂"。

1. 明确"和谐课堂"内涵特征

和谐课堂是一种氛围。通过反复研究，我们把"寓教于乐""合作学习""个性发展"这三个方面定为"和谐课堂"教学特征。也就是说只要符合"寓教于乐""合作学习""个性发展"这三个基本特征的高效课堂都可以称之为"和谐课堂"。

2. 构建"和谐课堂"基本模式

我校确定的"和谐课堂"基本模式包括以下内容。

功在课前：自主预习、钻研教材、分析学情、集思广益。

展在课中：氛围营造、激发兴趣、循循善诱、主动参与、质疑探究、乐学善思。

成在课后：温故知新、查漏补缺、教学反思、学后总结。

3. 完善"和谐课堂"评价办法

我们根据"和谐课堂"的内涵特征，制定并完善了《和谐课堂评价标准》。这一标准由"课前准备评价标准""课堂教学评价标准"和"课后检测评价标准"三大板块构成。从学生活动和教师活动两个维度设置评价细则。按总分100分计算，达到85分以上者，就视为"和谐课堂"，否则，仍要继续努力改正。这样设置，就是让每位师生在构建和谐课堂的具体环节中有了明确的目标和前进的方向。

策略二：打造"内外兼修、德艺双馨"的"和雅教师"。

1.明确"内外兼修、德艺双馨"的"和雅教师"的内涵

"和"即"和谐",和睦相处、谦和待人、合作学习。"和雅"就是希望教师在和睦的工作氛围中学会谦让,以合作的形式相互学习,成为内外兼修、德艺双馨的"和雅之师"。再者,基于"和"的教育理念,"和雅教师"应当具有温和、谦和、博学、高雅的特质。所以,在教研活动中,教师要善于自主学习,合作学习,勤于反思,在不断提升自身专业技能的同时,努力完善对待学生和同事和蔼可亲的素养,善于以和风细雨般的方式教育学生、协调同事间关系,营造和和美美的学习环境与工作氛围,教师能从中体会到教书的乐趣,从心底里爱上自己的职业,从而达到"内外兼修、德艺双馨"的"和雅教师"。

2.形成打造"和雅教师"的培训模式

为了更好地促进教师的专业发展,提高教师的综合素质,使教师在一定时期内达到"内外兼修、德艺双馨",结合我校的教育科研实际现状,为"和雅教师"快速成长创建一种良好的文化氛围,依据学校发展需求,采取了以下措施。

(1)跟岗学习:通过外出培训、校校合作、送课等方式提高教师的教学能力,为打造"和雅教师"奠定基础。同时在学习、借鉴的过程中,学习科学化和现代化的教学手段,加强理论学习和教学研究,增强教研意识,转变教育教学观念,积极践行新课改。

(2)抱团成长:充分发挥教师的群体合作力,积极创设条件助力教师抱团成长。通过大力开展"青蓝结对"工程,充分发挥学校教学骨干教师、学科带头人的引领及"传、帮、带"作用,推动全校师资力量的整体提升。

(3)专家引领:通过名师引领,深化课堂教学研究,优化课堂教学

结构，促进课堂教学改革和教师的专业成长。学校聘请各学科的专家为教师传授经验、排忧解难，指导老师上课，课后剖析课堂教学过程，分析教学效果，找出差距，制定改进措施，提高教学水平，为成为"和雅之师"奠定基础。

（4）名师培养：为了加快教育发展的步伐，提高教师队伍整体素质，提高教学质量，结合本校的发展实际，培养一定数量的骨干教师、教学能手、教学名师，充分发挥名师在教育教学中的作用，培养更多的"和雅之师"，为"抱团成长"储备更多的力量，从而带动和促进全校教师队伍整体水平的提高，推动学校教育事业的稳步发展。

3. 完善"和雅教师"评价体系

经过研究与实践，我们把"内外兼修、德艺双馨"的教师就评定为"和雅教师"。为此，我们在原有的教师管理制度的基础上，完善了《联升小学和雅教师评价标准》，明确了各级各科教师的评价标准，在极大程度上激发了全体教师的工作积极性。内容如下。

①教师思想素养标准：参加政治学习、塑造良好品质、提升综合素养。

②教师行为习惯标准：忠于职守、严格要求。

③教师课堂教学标准：课前精心设计、课堂高效和谐、课后总结反思。

④教师培养学生标准：引导学生、融洽家长，培养兴趣、提升技能。

⑤教师参与科研标准：积极参与教研，善于总结成果。

（1）评价办法包括以下几个方面。

①科组互评办法。由于同科组教师相互比较了解，我们根据《联升小学"和谐课堂"评价标准》及《联升小学"和雅教师"评价标准》设置了相关的评价细则，通过同科组内的所有教师逐一对照评价，来评价教师的

专业技能和思想素质。并把评价结果作为期末评定"和雅教师"的条件。

②师德师风评价办法：结合学校德育处有关加强"师德师风建设"工作要求，对每位教师建立"教师成长与发展档案"，定期对全体教师进行培训、阶段性评定量化，促使教师们的思想工作反思常态化，到期末进行总体评定。并将量化结果纳入学校绩效工作。

③家校联谊评价办法：我们把"和雅教师"的评价标准设置成详细的问卷形式，然后发给班级家长，以不记名形式对每个班级的学科教师进行问卷调查。学校再结合家长答卷中所反映的问题进行个别家长抽样谈话，以求公平、公正。把调查结果作为评定"和雅教师"的必要条件纳入对全体教师的评价之中。

（2）学生评价办法。依据"和雅教师"评价标准的相关内容，设置学生问卷形式，对每个学科教师所在班级的学生进行问卷评价，把汇总结果纳入"和雅教师"评价之中。

策略三：培养"诚善进取、睿智尚美"的"和美学生"。

1.明确"和美学生"的内涵

"和美学生"是在崇和悦上的办学理念指引下，在上善德育的知、行教育下，学生所要达到的目标。"和"，亦可理解为均衡、全面之意。这正好是学校教育要培养学生德、智、体、美、劳全面、均衡发展的要求。"和"还符合继承中华优秀传承文化"尚和合"的时代要求。"和合"语出《国语》《管子》。"和"表示不同事物、不同观点的相互补充，是新事物生成的规律。"和""合"互通，意为"相异相补，相辅相成，在追求真理的道路上和谐共进"。这正是教育追求真善美的理念和具体要求。"美"，美的基本形态是艺术美和现实美。其中现实美包括自然美、社会美、教育美。美，不仅要表面美，还要心灵美，这样才算真正的美。综合所述，和美学生就是要求学生在一个和谐的氛围内，均衡地发展自己各方面的能力，通过自己的学习、意志和努力，将和美转化成自己的一种行为，一种品德。

2.构建"和美学生"的培养策略

培养"和美学生"是促进"上和"文化发展的根本。我们构建了"和美学生"培养策略，主要有如下内容。

（1）班级培养。我校每周开展的班会、中队活动等都有活动主题，全面强化对学生的思想、言行等品德教育，促进学生良好行为习惯的养成。学校少先队部、学校德育处等加强对各项工作的检查与督促，对其进行量化评比，每周评出"上和班级"若干名，公示奖励。这就使全体学生行为习惯得以规范，思想素质得以快速提升。

（2）制度培养。我们依据《小学生守则》和《小学生日常行为规范》为基点，加大《联升小学学生一日常规》的执行与落实，并建立与完善了《师生定期谈话制度》《学生思想反馈制度》。根据年级年龄特点、认知规律、情感因素，构建良好的校园文化氛围，最大限度、最大效率地提高学生的思想道德品质。

（3）环境培养。营造良好的校园内外环境。为"和美学生"成长奠定基础。为此，我们在各个方面实施：其一，美化物质环境，完善学校生物园，增强校园魅力。其二，改善人际环境，创设和谐氛围；其三，优化心理环境，形成人格共鸣区。

（4）情感培养。加强人文性教育，重塑学生"和美"思想。我们要求各学科老师经常与学生交心、谈心（不限于班主任），了解每位学生的基础情况，了解学生的真实想法和内心感受，对于学生反映的问题及时回复并妥善解决。进一步加强师生交流、融洽师生关系，丰富学生的思想与知识阅历，更好地引导和教育学生，促使学生达到"和美"标准。

3.完善"和美学生"的评价体系

我们经过近几年的研究探索，初步完善了"诚善进取、睿智尚美"的"和美学生"的评价标准及评价方法，为培养更多的"和美学生"提供了规范依据，最终培养成长为"诚善进取、睿智尚美"的"和美学生"。

评价形式：日常性评价、阶段性评价、终结性评价。

日常性评价包括以下内容。

（1）即时评价。对学生的评价采用多样的、开放式的评价方法（如口头评价、成果评价、访谈交流、行为观察、问卷反馈、情景测验等）及时评价每个学生的优点、不足以及发展潜能，满足每个学生的发展需要。

（2）成长记录。成长记录应收集能够反映学生发展提高的重要资料，包括学生的自我评价，来自同学、教师、家长的评价信息，学生在文体活动中的突出表现，学科检测的阶段成绩，学生的最佳作品等。学生是成长记录的主要记录者和管理者，成长记录要始终体现诚信的原则，要有教师、同学、家长开放性的参与，使记录的情况典型、客观、真实，同时便于展示。

（3）学业考试。考试是一种有效的评价方式，要根据考试的目的、性质、内容和对象，选择相应的考试方法，促进每个学生的进步。除传统的纸笔测试外，还可设置口试、听力测试、成果展示、实验操作、上机操作等形式测试，允许学生进行二次考试。纸笔测验可采取闭卷考试、开卷考试或开闭卷结合考试等不同形式。

（4）实绩表现。通过演讲比赛、小制作、小发明、小竞赛及文体艺术等丰富多彩的活动，展示学生的特长，张扬学生的个性，培养学生的学习兴趣，促进学生全面发展。

阶段性评价包括以下内容。

（1）成立学生综合素质评定工作委员会，其成员包括学生代表、班主任、学科教师、家长等。评定工作委员会根据评定"和美学生"标准汇总、上报学生的评价结果。在实施学生综合素质评价之前，各学校要通过教师大会、班会、家长会、家长学校等形式，广泛宣传和培训，争取各层面的知晓、理解与支持，为顺利开展此项工作创造一个良好的环境。

（2）综合素质评定以班级为单位开展工作。每个班级成立一个评定小组，由班主任和科任教师组成，人数一般不少于 5 人。综合素质评定小组要以学生的日常表现为依据，每学期中期时要对每个学生进行阶段性评价，通过参考各种资料，经集体讨论，给予学生客观、公正的评价，教师要善于搜集和分析能够反映学生学习过程和结果的有关数据和其他形式的行为表现，并利用这些数据和表现来描述学生的学习情况。

终结性评价包括以下内容。

（1）终结性评价是由班级评定委员会组织进行，要在学期结束前完成。评定时以学生阶段性的综合素质评定结果为依据，通过对相应等级赋分的办法进行换算，取所有阶段性评价的平均分值作为终结性评价结果，记入《小学生综合素质报告册》和《联升小学学生成长档案》。

（2）赋分转换标准：评价过程采用百分制，最后折算成等级，即每个维度满分 100 分，80 分（含 80 分）以上为 A 等，60 至 80 分为 B 等，60 分以下（不含 60 分）为 C 等。被评为"和美学生"均要在 A 等。所以，对于学生的培养，我们仍是任重道远。

评价原则：评价时把 "日常性评价是阶段性评价的基础、阶段性评价是终结性评价的基础"作为操作原则。

评价内容：学习习惯、养成习惯（包括举止文明习惯、诚实守信习惯、守时惜时习惯、讲究卫生习惯）、运动与健康状况。

评价程序包括以下内容。

（1）学生自评。按照综合评价的内容，学生在班级做学期自我评价，展示成长记录袋中最有代表性的内容，在班级进行交流。

（2）学生互评。班长牵头召集班委和组长，组成学生评价小组，共同按考评内容逐条为每个学生进行综合评价。

（3）教师评价。班主任牵头召集包括音乐、体育、美术、信息等熟悉该班情况的任课教师代表不少于5人，组成教师评价小组，共同按考评内容逐条为每个学生进行综合评价。教师评价组成员应参加学生自我评价活动、考查学生的成长记录袋，主动了解被评学生的情况。

（4）班级综评。每个维度的自评得分占10%，生评得分占40%，师评得分占50%，三项合计为该维度最终分值，综合学生所得分值，确定被评学生的综合素质评价等。

策略四：塑成"知和扬善、心悦进取"的"上善德育"。

1. 明确了"上善"德育的文化内涵

上善即至善。极致的美。从《吾思·圣神贤》诗中："知善致善，是为上善。性勿恶，形勿舍。省勿止，神勿折。"可知善的价值与本义。"上善德育"包括"知和""扬善"两部分。"知"是知道、了解、理解，"和"是和谐、融洽、全面、协调。"知和"是从认知的层面学习、理解并践行"和心中节的心灵观""和爱公正的道德观""和谐共处的价值观"。主要通过礼仪教育、习惯教育、主题班中队会等方式来进行。"扬"高举、向上、传播、倡导之意，既表明学校颂扬善的德育目标，又强调"向上"的积极态度。"善"，德之建也。是一个人良好品德的基础。"扬善"是从活动体验中、生活实践中让学生感受善、学习善、感悟善，最终转化为行为"善行"。主要通过大课间活动、实践活动课、体育艺术节、红领巾社团和联升好少年评比活动等形式来进行。"知和"与"扬善"虽然是分别从知、行两方面来进行，但两者并不是独立的，而是相辅相成的，是一个完整的整体，共同构成扎扎实实的、有效开展学校德育体系，让学生真正做到向善、向美、快乐成长的和谐发展，最终使学校真正达到"崇和悦上"。

2. 构建了"上善德育"塑成策略

一是活动体验策略。

（1）以制度文化引领。一方面完善了德育工作制度，将精神文化渗透在学校的德育中；一方面开展了"上善德育体系构建研究"课题研究，以课题指导当前学校各项育人制度建设，引导师生和家长做阳光的联升人，最美的联升人。

（2）以班级文化引领。我们始终抓住班级管理工作不松懈，督促开好每次的主题班会，学校着力挖掘班队活动潜力，通过主题班队会等活动形式开展树理想、爱科学、重知识、拒毒品、献爱心、净校园，做主人、懂安全及爱国、守纪、诚信、知礼等系列专题教育活动，"三爱、三节"蔚然成风。把学生培养成一个具有诚实有礼、乐于助人、团结友善的高尚品德的人，使校园环境文明、和谐、融洽。

（3）以开展活动引领。主要可以开展以下活动。

①大课间活动：体育活动的多元化，组织形式的多样化使得学生的智力水平、道德水平和心理水平、良好的社会适应能力等各个方面都得到了

一定程度的提高和发展。融合了体育、音乐、美术，以走、蹲、站、跑、花样跳绳，队列变换，放松操等多种活泼的形式为主，在开放的空间让儿童舒展生命，张扬个性。

②社会实践活动。通过组织开展社会实践活动，让学生走向自然，走向社会，增长才干，培养品格，不仅能全面落实新课程目标，更重要的是能够使学生获得自主发展的体验，提高个人综合素质。实现学习书本知识投身社会实践的紧密结合，促进德、智、体、美、劳教育在实践活动中相互渗透，有效促进学生的健康成长和全面发展。

③开展了一次"体育艺术节"和"十年校庆"。激发学生对健体的兴趣和爱好，培养学生的艺术涵养和热爱学校的道德精神品质，提高学生的发现美、欣赏美的水平，是培养全面发展的一个重要方面。既展现我校充满活力、积极向上的风采，又营造和谐的文化氛围，打造和谐校园，是展示联升文化的一个独特的平台。

④组织红领巾社团。为了培养"诚善进取、心悦尚美"的目标，开发学生的内在潜力，联升小学开设了语言文学类、体育类、艺术类、综合类等十个小社团（联升之音广播站、小记者、花样跳绳、舞蹈队、武术队、英语小剧社、篮球队、美术书法社、课堂剧组、棋艺社），传递学习方法，培养学习兴趣，引导学生快乐交往，和谐共进。

二是家校共育策略。

（1）家长参与维护学生安全的活动。学生在上学和放学期间家长志愿者在校门口维持秩序，实行人车分离，家长有序排队接送学生。

（2）邀请家长参加学校德育活动。有效推进了家校之间的沟通与合作，充分调动了家长参加志愿活动的主动性和积极性，从心理学角度分析，家长们对学校工作有了知情权、参与权和监督权，这种被学校需要的心理得到了满足，于是他们便真正把自己当成联升小学的一员，时刻想着如何为联升的学生服务，为联升小学的发展献计献策。

（3）参加学校举办的田径运动会和亲子趣味运动会，运动会上家长和老师一起不分你我共同管理班级的纪律，维护运动会期间的校园卫生，维护比赛场地的秩序、安全等工作。

（4）当"考官"。在期中、期末检测中，学校安排每一个班每一个学科在测试时由一位家长和两位老师共同监考，让家长更进一步了解学校的教育教学，感受教师职业的不易，了解孩子在校学习的真实情况。

（5）每学期都积极开展班级亲子活动，不光增进了亲子之间的关系，也拉近了家长与家长之间的距离，拉近了家长与老师之间的距离，更拉近了家长与学校的距离，对学校的认同感也就更加强烈。

（6）举行"大手拉小手"和"小手拉大手"活动。无论是校内还是校外，亲子活动都会收到预期效果，孩子们的良好行为帮助父母改正身上的缺点，同样父母在活动中也会为孩子们树立好的榜样。如每学期都会组织家长与学生同行到清溪镇的两座森林公园捡拾垃圾，引领孩子从小懂得环保，心存爱心。

三是价值引领策略。

（1）精神文化价值引领。为更好地使学校的核心文化深入每一位师生及家长心中，一是建设学校理念墙，展示学校理念及对校训进行诠释；二是对全校师生及家长进行上善主题讲座，让师生、家长充分了解核心文化的内涵和学校倡导的价值观；三是将核心文化全面渗透到校园环境建设和活动中。

（2）物质文化价值引领。在物质文化建设中，学校的每一处环境都充分体现了学校的办学理念和办学特色。如学校围绕"上"和"善"，以中华传统文化和现代公民道德为内容打造围墙文化；以和睿家长、国学经典、书法教育为主题打造长廊文化；以校风命名的"尚美楼""睿智楼"打造楼名文化；以学校理念为内容打造客厅文化；以与功能室相匹配的图画打造功能室文化；以突出班级个性特色为主题打造班级文化；以绿色环保为内容打造厕所文化等。

（3）行为价值文化引领。培养好习惯。学校注重人与人的和谐交往，通过"重阳敬老""给妈妈洗脚""献给老师的贺卡""争做文明小使者"等活动，让学生养成尊老爱幼、孝敬父母、团结友爱、文明有礼的好习惯。学校还注重人与环境的融洽，环境的重要性是不可估量的，是人类生存、繁衍和发展的摇篮，我们通过在"世界环境日""保护水资源""护绿小使者"等各种活动来引导学生注重环境卫生、爱护公物、保护花草树木不受伤害、关爱动物，从小养成人与自然和谐相处的思维方式，从身边的小事做起培养学生的良好行为习惯。

3. 完善了"上善德育"评价体系

我们经过近几年的研究探索，基本完善了"知和、扬善、心悦、进取"的"上善德育"的评价体系。

（1）校园德育建设评价办法。①以少先队值日检查为主。我校德育处结合学校少先大队部按照《联升小学德育工作评价标准》及《联升小学校园文化建设实施方案》，制订了切实可行的《联升小学校园文化设施检查细则》。学校以少先中队为单位逐周值日，对校园内的学生课间活动状况、各项文化宣传设置、各学科组负责的板报宣传栏、各班级负责的卫生区域、学生活动场所、运动器具等进行常规性检查，每天都有汇总，每周一小结，每月一总结评比，作为评选"上和"班级和先进学科组的依据。②以值日教师巡视督查为辅。我们把全体教师分成固定的值班小组，在规定的时间内对校园各区域少先队的值日、对各科室内教育教学硬件设施、各项环区域内的文化设施进行巡视检查，并对少先队工作进行巡查指导，发现问题做好详细记录，并与中队检查进行汇总，有力地保障了"上善德育"的工作开展。

（2）班级德育建设评价体系。①按照"上善德育"建设方案，德育处对全校班级文化建设、每周班队会开展活动情况、各班级德育展示内容、各班级好人好事登记记录、各班级卫生健康检查记录等进行检查评比，作为评选"上和"班级的依据。②建立与完善了《联升小学班主任工作评价方案》和《联升小学家校联谊亲子活动评价办法》，完善了班级活动实施细则，对以班级为活动单位的社会实践活动及班级亲子活动等起到很好的引领作用。学校德育处结合少先大队部将依据各班级或少先中队活动后的图文记录资料进行评比，并作为每周评选"上和"班级的依据。

（3）少先队建设评比体系。①完善了我校少先队工作的评价机制。少先队是学生自我教育的重要组织形式，是学校"上善德育"文化建设的重要体现。我们通过建立健全少先队各项工作评价制度，通过开展评选"德育工作先进集体""先进班集体""少先队红旗中队"来促进团体发展，通过做好"十佳少先队辅导员""十佳少先队志愿辅导员""三好学生""优秀学生干部""优秀少先队员"来促进全校的德育工作顺利开展，由此来提高学校整体思想素质的提升。②完善开展第二课堂活动的评价体系。我校第二课堂活动已经开展多年，内容丰富，颇具特色。通过完善第二课堂活动评价体系，使各项兴趣活动开展得规范、多彩，不但提高了全体师生的综合素质，而且彰显了我校"上和"文化的凝聚力，从效果上体现了"知和、扬善、心悦、进取"的"上善德育"工作。

策略五：聚集了"开明智慧、通达远见"的"和睿家长"。

1.明确了"和睿家长"的内涵特征

"和睿"就是谦和、睿智。"睿"，《玉篇》——智也，明也，圣也。表示智慧、明智；《说文》——叡，深明也，通也。表示看得深远，英明有远见，通达。人之和谐谦逊，通达向上，即古人所谓希圣希贤。取和睿之义，是希望我们的家长在新的时期里能及时更新教育观念，在教育孩子的问题上与学校积极、主动地进行合作。在家是开明、智慧的家长，在校是通达、有远见的家长。

2.构建了"和睿家长"的引领策略

我校经过多年的研究与实践，对家长的引领与开发基本水到渠成，已经初步构建了"开明智慧、通达远见"的"和睿家长"的引领策略。

（1）加强家校联系，充分利用家长的教育力量。做好家长培训，开好每学期的家长会、家长学堂、班级家长座谈会及家校联谊会。让家长与专家、家长与教师进行面对面地交流教育孩子的方法与经验，使得学校与家庭之间对学生的思想、行为保持高度的关注，让家长认可我们老师的工作热情与学校的管理态度，从而更好地配合教师把学生教育好。

（2）做好"和睿家长"的引领与培训工作。我校连续三年在每学期开学第一课的家长会上，请东莞市家庭教育专家张润林教授来校做专题讲座，让所有的家长都清楚认识到，作为家长的要经过的育人大关：第一关是放下架子，第二关是坦诚相待，第三关是是非态度鲜明。帮助家长成长进步，让大部分的家长思想成长起来，并能带动其余小部分家长共同进步，共同探索教育学生的新方法。

（3）鼓励家长参与学校的管理与帮扶工作

利用参与学校活动，做好家长培训工作。我校每学期都主动邀请家长们来学校检查教育教学工作，帮助学校做好安全、活动等工作。特别是让有教育孩子经验的家长来学校参与教学工作，配合老师做期中测试的巡视员、监考员等，充分发挥家长的积极性和能动性，切实让学校的工作搞得有声有色、风生水起。2016年联升小学十年校庆的成功举办就是家长们密切配合的结果，深受广大群众与上级领导的好评。

充分发挥家长委员会的功能。我们在研究中发现，有些学生的问题并非学校所能顺利解决的，而是需要家长们出面解决。还有些问题学校需要社会与地方政府或群众的帮助，家长委员会同样会把事情做得很完美。为此，我们始终把家长委员会的建设作为学校建设工作中的一件大事来抓。在每次召开家长会之前，各个班级的家长委员会主任都会事先与班主任沟通，帮助班主任汇总班级学生在教育教学中出现的问题，各级寻求解决的办法。并利用公众群的优势，强调了所有家长跟老师交流要有明确的目标，要注重效果，并要求家长要先跟孩子有充分的交流，对孩子的情况有个全面客观的把握，然后带着问题有的放矢地去跟老师交流，这样就使家长们的思想提高得很快。

只有在"崇和悦上"办学理念的引领下，家校共同努力，多管齐下，才能让全体家长快速成长起来，成为让学生敬佩、让学校放心、让社会满意的"开明智慧、通达远见"的"和睿家长"。

3.完善了"和睿家长"的评价办法

经过几年的努力研究，我校基本完善了《联升小学和睿家长评价体系》，并以此来对所有学生家长进行评定，有力地促进了家长们的进步与成长。

（1）"和睿家长"评价办法包含的内容有：家校沟通评价，即与老师的沟通、与学校的沟通、家长之间相互的沟通。与孩子沟通评价，即个人素养、环境营造、学习上的沟通、思想上的沟通。参与管理培训、活动评价，即参与学校管理、参与班级管理、参与学校的培训、会议，参与学校各项活动。

（2）"和睿家长"评价办法的实施。开好每学期的"开学第一课"，完善对家长的督促与评价。开好家长会，印发《联升小学"和睿家长"评价标准》，引领家长认真学习并领会规定的内容，对比自身的家庭教育出现的问题，有则改之，无则加勉。

充分利用家长委员会的监督作用，开展家长互评、互学活动；利用"和美学生"的评价标准影响学生的价值取向，来开展学生评价家长活动；利用班级家长会对家长进行评价活动等。最后，由家长委员会结合班级家长代表对所有家长进行综合评价，对达到"和睿家长"标准的家长，由家长委员会协同学校德育处共同颁发《联升小学"和睿家长"合格证书》，以此鼓励其他家长努力进步，达到全体家长的综合素质快速提高。

二、规范管理制度

（一）人事管理

在学校管理中，人的管理最为复杂，也最为关键。管理的实质也就是对人的管理，因而人的要素是学校管理中最核心的要素。但是，作为管理对象的人，并不是被动地接受管理，他们具有主观能动性，因而也存在着人的自我管理的形式。学校的人事管理所涉及的范围比较广泛，它与教育行政部门、政府的劳动人事部门及其他相关单位的工作紧密相连。为了深化和推进人事制度改革，树立现代人力资源管理观念，进一步完善绩效考核制度，结合教育单位的现状，贯彻落实市教育系统人事制度改革的有关的精神，我校制定如下人事制度。

1. 推行校长负责制

根据上级教育行政部门有关规定，学校推行深化"校长负责制"，充分发挥党支部的政治核心和保证作用，发挥工会、教代会的民主管理和民主监督的作用。形成"三位一体"立体管理的合力。学校重大事项必须经过教代会讨论、审议决定。推行"校务公开制度"，党政干部聘用考核制、任用公示制以及校务委员会审议制。

2. 推行全员聘用制

（1）加强编制管理和控制，充分发挥人事管理的作用。根据镇教育局核定的编制数来聘任教职工。

（2）加强聘任合同制的规范管理。教职工的聘任期一般为一年，到期将自然终止与校方的劳动关系，继续劳动关系则须再签合同。

（3）规范学校教职工聘任工作。

①全员聘用合同制是根据学校的办学规模和效益等实际情况对全体教职员进行"双向聘任"，竞争上岗。

②聘任条件。

A. 无犯罪记录。

B. 教师资格证书。

C. 学历达到教师的规定。

D. 教育（学）质量高。

E. 师德修养好。

F. 年度考核成绩合格。

G. 教师专业知识、技能考核合格。

③聘任顺序。

A. 公开编制数。

B. 公布岗位数。

C. 教师本人申请应聘。

D. 学校择优聘任。

E. 教师受聘或拒聘。

F. 学校调整安排拒聘人员（二次工作机会）。

G. 签订岗位聘任协议。

H. 双方履行岗位协议。

④考核：每年度对教职工岗位履行情况进行考核指标为：德、识、能、绩、量（责）。考核顺序：自我小结 → 小组交流 → 相互推荐 → 学校考核 → 公布考核结果。考核档次：优秀、合格、基本合格或不合格。

A. 凡是考核合格和优秀的作为下一年聘任的条件。

B. 对基本合格的教师延长一年试用期。（试用期内只发工资，不发奖金）

C. 不合格的就不予聘任。

3. 关于学校人事

（1）人事

①全校教职工必须认真履行岗位责任制，遵守学校各项规章制度，服从学校分配。

②凡要求调入本校工作的教职工经学校考核，经行政会研究同意方可

办理调入手续。调入后第一年为试用期，试用期满考评合格，方可成为本校正式教职工。

③学校决定调整工作岗位的教职工，应服从分配，按时上岗。

④凡本校教职工连续旷工一周或累计半个月以上者，以待岗处理。

（2）考勤管理制度

①学校全体干部，教师职工均系考勤对象，由教务处负责考勤工作，逐日记载出勤情况，按日统计，上报教务处汇总。

②全体教职工必须按学校规定的办公制度按时上下班，不迟到、不中途擅自离岗。

③教职工因事、因病（除特殊情况外），必须事先履行请假手续，准假后方可离岗。工作时擅离职守，按旷工论处。因公外出，也应告知组室负责人或考勤员。

④请假期满，必须按时履行销假手续，逾期无故不归者按旷工论处。

⑤教职工的集体政治学习、业务学习和各种集体活动，均列入正常的考勤之列。

⑥本校专职教师，按国家规定享受寒暑假。职工、干部寒暑假期间，享受假期的三分之二，其余时间由学校或部门安排工作。

⑦教职工的考勤必须根据有关规定，与工资、奖金、评选、职称评定挂钩，做到奖惩分明。

（3）休假管理制度

①教职工因事、因病须离岗者，必须由本人履行请假手续。请假人除特殊情况外，一般须待安排好工作之后，方可离开岗位。如因急病或紧急事故确实不能事先请假者，可委托他人办理或事后补假。

②请假时间在 1 ~ 2 节课以内，本人空课者，由值日行政批准；一天以上一周以内由值日行政审核，校长批准；中层以上干部，一律由校长批准。

③符合法定婚龄结婚的，可准假三天。实行晚婚晚育的可准假6 ~ 9天。

④女职工的产假按计划生育暂行规定办理。

⑤本人直系亲属死亡时，可有五日的丧假。

⑥未经请假擅自离岗或未经续假逾期不归者，以旷工论处。

（4）奖惩

①对教职工的奖励和处罚，要实事求是，公正合理，经过一定评议、审议手续，并公之于众。

②奖励以精神为主，物质为辅。

凡符合下列条件之一的教职工，可给予奖励：

A.师德高尚，为人师表，教书育人，成绩显著者。

B.遵纪守法，兢兢业业，出满勤，时时处处为集体，对不良行为敢于斗争，事迹突出者。

C.热爱学生，循循善诱，诲人不倦，教育教学质量名列前茅者。

D.勇于开拓，创新善于试验，在教育教学改革上有较大贡献者。

E.面向全校学生，对后进学生加倍爱护，在帮助后进学生转化方面卓有成效者。

F.参加竞赛获奖学生的辅导教师。

G.积极组织、指导学校大型活动，并做出显著贡献者。

H.服务及时周到，态度和蔼可亲，质量令人满意，效益好者。

I.在其他方面有特殊贡献和先进行为者。

③对照上述条件，视情况可授予先进工作（或其他荣誉）称号，或给

予单项奖励。

④凡有下列情况之一者应给予处罚。

A.目无法纪，自由散漫，擅离职守，玩忽失职，造成损失者。

B.体罚和变相体罚学生，使学生心理和生理受到摧残和伤害者。

C.违法乱纪，赌博成性，酗酒成风，打架斗殴，挑拨是非造成不良影响者。

⑤依据上述情形轻重与认识态度，可分别给予口头批评，公开检查，通报批评，扣发奖金或工资、赔偿损失、警告、严重警告、记过、降职、降薪、开除留用、开除等处分，触犯刑律者，由司法机关处理。

（二）德育管理

加强学校德育工作的开展，就要加强学校、家庭、社会育人力量整体协同、教育引导广大师生从感性到理性、从自在到自为，激发爱党爱国爱社会主义的巨大热情，凝聚奋进新时代、实现民族复兴的伟力。着力培养德、智、体、美、劳全面发展的社会主义建设者和接班人。

1.大力培育和践行社会主义核心价值观

（1）培育时代新人。坚持立德树人、以文化人，大力培育和践行社会主义核心价值观，加强青少年核心价值观教育，推动核心价值观融入课堂教学、日常管理、校园文化，着力培养德、智、体、美、劳全面发展的社会主义建设者和接班人。

（2）抓实主题教育。把核心价值观融入学生日常行为规范，规范升降国旗仪式、毕业典礼，扎实开展文明礼仪和小学生守则教育，开展一年级新生"开笔礼"，二年级"入队礼"，中段"成长礼"，六年级"毕业礼"

活动，开展"开学第一月""扣好人生第一粒扣子"等主题教育，常态化开展学雷锋志愿服务、未成年人思想道德建设主题教育实践活动等。

（3）开展先进选树活动。对标实施和修订完善文明校园评价细则，持续开展"三好"学生、优秀学生干部、先进班集体等先进典型推选活动。

2. 着力开展和深化爱国主义教育

（1）充分发挥课堂主渠道作用。课堂是实施爱国主义教育的主阵地，充分发挥道德与法治（思想品德）课、班会课，同时整合其他学科的育人功能，将爱国主义教育与落实立德树人根本任务结合起来，将爱国主义教育与中国道路宣传教育活动结合起来，将爱国主义教育与当前的疫情防控结合起来，让爱国主义更鲜活，使爱国主义教育真正入心入脑。

（2）挖掘校园文化的育人功能。在校园文化中要渗透爱国主义教育，通过校园公告栏、校园广播站、校园网络媒体等开展线上线下教育，将爱国主义教育与文明校园创建相融合，多途径、多形式地进行宣传，发挥文化的渗透作用，在校园文化的浸润中引导学生树立和塑造正确的世界观、人生观和价值观，切实增强爱国主义情感。

（3）注重节日的育人契机。积极利用"清明节""五一劳动节""六一国际儿童节""端午节""中国烈士纪念日""国庆节""国家公祭日"等重要时间节点，组织谋划开展爱国主义教育主题系列活动，深化爱国主义教育的开展。

（4）增强爱国主义教育的实效性。将爱国主义教育融入学生的学习生活中：大力学习宣传国旗升挂、国徽使用、国歌奏唱等礼仪，培养爱国之情、砥砺强国之志；教导学生在校内尊敬师长，关爱同学，自觉遵守小学生行为规范，校外积极参与志愿服务，践行社会主义核心价值观，将爱国主义情怀转化为具体行动，切实增强学生的社会责任感和使命感。

3. 持续推动中华优秀传统文化进校园

（1）传递校园文化。将学校办学特点和校训、校歌、校风、校旗和校徽广而宣传。用好校园"一砖一木"，建设好道德讲堂、校园广播站及QQ、短信、微信等校园阵地，阐释国学经典，筑牢思想基础。

（2）融入课程教学。积极开设优秀传统文化，地方课程、校本课程，推进民族文化艺术、非物质文化遗产进校园。

（3）开展文化活动。继续开展讲故事、朗诵、演讲等活动，推动学生书法、花样跳绳"文武双修"。利用春节、元宵、清明、中秋、重阳等中华传统节日，广泛开展"我们的节日"主题活动。

4. 抓实学生心理健康教育

（1）制定工作机制。制定心理健康教育辅导机制，以专职心理健康教育教师为核心，以班主任和兼职心理健康教育教师为骨干，全体教职员工共同参与的心理健康教育工作机制，分工负责，各司其职。

（2）强化队伍建设。积极打造专业心理健康教育教师团队，加强专兼职心理教师培训，心理健康教师教研活动，将心理健康教育专兼职教师培训纳入教师培训计划，落实专项经费，通过"走出去、请进来"等方式，有计划地对心理健康教育教师进行分层次的系统培训，不断提高他们的专业素养和能力。

（3）加强功能室建设。加强学校心理健康辅导室建设，推进学校心理健康辅导室全覆盖。着力加强墙壁、走廊等文化建设，全面完善心理信箱（心理热线）、心语导播（广播站）、涂鸦室（宣泄室）、心语室（咨询室）等心理辅导服务设施。

（4）丰富教育活动。通过开辟心理健康宣传专栏、举办专题讲座及开展心理指导、耐挫力教育、人际关系与自我意识发展指导等活动，帮助学生培养良好心理素质，有效预防心理问题的产生，提高心理健康教育的针对性、实效性，对特异学生做好心理疏导或心理干预，矫正学生不良行为。

（5）注重多方联动。利用"家长学校"开办心理健康教育专题讲座，指导家长更新观念，了解和掌握心理健康教育方法，营造良好的家庭教育环境；通过家校 QQ 群、微信群、家访等途径，了解、反馈学生心理状况，协助家长共同解决孩子的心理问题；积极探索社区和学校联动机制，实现资源共享，采取有效措施共同做好未成年人心理健康教育工作。

5. 进一步加强中小学劳动教育

（1）高度重视、充分认识加强劳动教育的重要意义。劳动教育是全面贯彻落实党的教育方针的根本要求，是实施素质教育的重要内容，是培育和践行社会主义核心价值观的有效载体，是提高学生综合素质的基本途径，是中国特色社会主义教育制度的重要内容，直接决定社会主义建设者和接班人的劳动精神面貌、劳动价值取向和劳动技能水平。加强中小学劳动教育，以劳树德、以劳增智、以劳强体、以劳育美，促进学生素质全面发展，对于推进教育现代化、实现"两个一百年"奋斗目标和中华民族伟大复兴的中国梦具有重要意义。加强劳动教育和开设劳动课程，从立德树人和促进学生全面发展的高度出发，给学生从小埋下热爱劳动的种子，消除不劳而获的错误认识，为他们终身发展和人生幸福奠定基础，成为全面发展的社会主义建设者和接班人。

（2）把握关键环节，明确劳动教育的实施要求。①设置劳动教育课程。整体优化学校课程设置，将劳动教育纳入教育教学工作，形成具有综合性、实践性、开放性、针对性的劳动教育课程体系。根据需要编写劳动实践指导手册，明确教学目标、活动设计、工具使用、考核评价、安全保护等劳动教育要求。②确定劳动教育内容要求。小学低年级注重围绕劳动意识的启蒙，让学生学习日常生活自理，感知劳动乐趣，知道人人都要劳动。小学中高年级注重围绕卫生、劳动习惯养成，让学生做好个人清洁卫生，主动分担家务，适当参加校内外公益劳动，学会与他人合作劳动，体会到劳动光荣。

（3）统筹安排，广泛开展劳动教育实践活动。①家庭在劳动教育中发挥基础作用。学生参加家务劳动和掌握生活技能的情况按年度记入学生综合素质档案。鼓励孩子利用节假日参加各种社会劳动。家庭树立崇尚劳动的良好家风，家长通过日常生活的言传身教、潜移默化，让孩子养成从小爱劳动的好习惯。②学校在劳动教育中发挥主导作用。学校切实承担劳动教育主体责任，明确实施机构和人员，开齐开足劳动教育课程，不得挤占、挪用劳动实践时间。根据学生身体发育情况，科学设计课内外劳动项目，采取灵活多样形式，激发学生劳动的内在需求和动力。组织实施好劳动周，小学低中年级以校园劳动为主，小学高年级适当走向社会、参与集中劳动。③社会在劳动教育中发挥支持作用。充分利用社会各方面资源，为劳动教育提供必要保障，使学生与普通劳动者一起经历劳动过程。

（三）家校管理

小学生正处在人生发展的关键时期，影响他们成长的因素有很多，在这些因素中，家庭、学校、社会都是重要的因素。学生想要获得全面发展，就离不开学校与家庭的合力，家校合作才是促进学生良好发展的重要途径。

在当前的核心要素背景下，家校合作更是提升学生综合素养的强力后盾。

1.家校合作的概念

家校合作，是指家庭与学校通过搭建各种平台，建立多种渠道进行有效的交流、沟通与合作，从而共同促进学生全面发展的一种教育形式。苏霍姆林斯基说："只有学校教育而没有家庭教育，或只有家庭教育而没有学校教育，都不利完成培养人这一极其复杂的任务，最完美的教育应是两者的有机结合。"①由此可见，家庭教育和学校教育是相辅相成、相互依托的。因此，开展家校工作也是学校工作的重要一环。

2.家校合作的意义

（1）有利于学生的身心健康成长。学校开展家校工作的根本目的在于给学生的身心健康成长营造良好的教育环境，家庭成员通过有效合作、高效沟通的方式，甚至联系社会资源积极主动地参与到学生的教育中，让学生从中感受到的源自家庭与学校，甚至社会的关心和爱护，给学生建立一道保护屏障。

（2）有利于家长素质的提升及家庭和谐。2018年9月10日全国教育大会上，习近平总书记明确提出了："家庭是人生的第一所学校，家长是孩子的第一任老师，要给孩子讲好'人生第一课'，帮助扣好人生第一粒扣子。"②总书记的讲话高度概括了家庭教育的重要性，对新时代家庭教育建设具有重要的指导意义。作为孩子的第一所学校以及第一任老师，家庭、家长身上肩负的是影响孩子一生的重担。然后，大多数家长对家庭教

---

① 瓦·阿·苏霍姆林斯基.给教师的建议［M］.教育科学出版社，1984.

② 朱永新.当务之急是将家庭教育纳入现代教育管理体制［J］.中华家教（上半月），2019（9）：3.

育知之甚少，最终所呈现出或是过分溺爱，或是过分严厉，或是着眼利益不顾孩子的未来发展，这些都是违背了儿童的身心发展规律。家校工作的开展，给家长提供了学习的平台，提升家长的家庭教育观念，增长了家长的家庭教育知识，普及了先进的家庭教育方法，最终实现提升家长素质的目的，进而家庭幸福和谐，孩子健康成长。

（3）有利于优化学校教育环境和质量。学校的一切教育活动是按照国家的教育方针进行，着力培养高素质人才。家长与社会对学校教育的关注与要求，是促进学校教育教学水平大力提升和优化的动力。

在家校工作中，学校通过建立家长委员会，为家长和学校、家长与家长之间搭建了一座沟通的桥梁，家长可以参与到学校的管理、建设、教育教学等方面，学校即可利用家长提出的建议或是家长提供的资源，调整、补充、完善教育教学中的不足。

家长与教师之间的良好沟通交流，能让教师对学生的情况有更全面的了解，更能做到因材施教，因人施教，让每一个学生都能得到充分的关心与呵护。最终实现家庭与学校合力，资源共享，共同提升的目标。

3. 家校工作的要点与要求

（1）提高家长的合作意识。家长是无数个独立的思想个体，想要所有家长积极参与到孩子的教育中来，需要提高他们的家庭教育意识以及家校合作意识。早在 2009 年，联升小学就开办了家长学校，2016 年经过在学校理念文化的构建中，家庭教育被列入学校五大体系之一，"父母课堂"更有计划地进行。多年来，通过开办"父母课堂"，教师与家长之间积极沟通，鼓励并督促家长走进课堂，参加家庭教育培训，认真聆听各种家庭教育讲座，包括专家讲座、家庭教育成效明显的家长经验分享、班级交流等活动。通过这些活动，家长不断地更新自身的家庭教育理念和知识，了解孩子的身心发展规律，明确了家庭与学校在教育中承担的不同职责，努力学习用科学的方法教育孩子。只有从家长意识这一根本上解决问题，才能发挥家校合作的优势，让家校工作更高效。

（2）提高教师沟通能力。在家校合作中，教师承担着沟通者、指引者、倾听者等不同角色，是家校合作的重要一环。教师须用心倾听家长内心的需求和建议、倾听他们对家庭教育的认知。因此，教师需要做到终身学习，不断更新自身的教育理念和理论知识，树立"立德树人""以生为本"的教育思想，强化自己的倾听能力和沟通技巧，从而促进家校工作取得最佳效果。

（3）建立家校工作架构。任何一项工作想要得到高效开展，都需要一个强有力的组织团队。家校工作的开展，需要完善家校合作的架构，给家校工作一根主心骨，才能凝聚成一团。

学校层面，联升小学组建了由校长任组长，家庭教育与心理健康中心负责人为副组长，其他部门负责人、年级组长、班主任参加的学校家校工作领导小组，专门负责学校的家校工作。领导小组定期召开会议，讨论学校家校工作的发展方向、研究呈现的问题、部署家长学校的工作。

年级班级层面，年级组长为各年段家校工作第一责任人，班主任是班级家校工作的第一责任人，负责落实学校的各项家校工作及活动，负责筹划本级部、本班级家长委员会的建立、开展亲子活动等家校工作。

家长层面，联升小学组建了学校、年级、班级三级家委会，层级式的管理让家委会的工作更有序地开展。学校家委会由会长、副会长、理事组成，负责落实学校家校工作中家长层面的工作与活动；年级家委会（即理事），负责组织本年级家校工作以及各项活动的开展与沟通；班级家委会，负责班级家校工作、活动的组织与班级家长的沟通。同时，班级家委主任加入年级家委会，年级家委会主任加入学校家委会组委会中。设置组织策划部、宣传联络部、后勤处保障部三个部门，三级家委会成立后，将所有家委成员具体分工，各家委成员根据工作章程认真履行自己的职责任务，及时沟通交流。

（4）丰富家校工作内容。家校工作的效率与内容形式有着直接的关系。为了保持家长参与家校工作的积极性，学校不断优化工作内容。通过"父母课堂"讲座、家长会、家访、班级交流会、沙龙、亲子活动、亲子共读等多样化的形式，让家校工作更加丰富且有趣，拉近了家长与教师之间的距离，激发了家长和学生的表现力，家长从中收获更多，参与度也就更高。

（5）构建课程内容体系。课程体系，是指不同课程门类按照门类顺序排列，是教学内容和进程的总和，决定了学习者通过学习将获得怎样的知识结构。

联升小学在父母课堂授课内容的编排上，根据不同年级家长的需求和儿童身心发展的规律特点以及可能出现的教育着力点，采用"2+N"模式，每个年级重点列出两个主题，六年12个主题，再辅以其他活动，帮助家长更了解孩子，用更为科学的方法教育孩子。

（6）落实家校工作的评价考核标准。以班级为单位，对每次每位家长上课的考勤、考核做好记录。为保证课程的顺利开展以及家长学员学习内容的衔接，每次课前发通知。每节课课后统计各班家长学员的出勤率，作为学年评比、结业的依据之一。考核以"和睿家长评价体系表"为依据。

在合格家长的基础上，以家长学员自我评价、学生评价和学校评价相结合的方式，评比优秀学员和"和睿家长"，并在结业典礼上予以表彰。

（四）危机管理

危机管理作为学校教育与管理内容的部分，与学校突发事件以及安全事故在概念层面上有着密切联系，但在范畴限定上又有明显的区别。

1. 危机的相关概念

谈到学校危机，很多人自然而然地会联想到在学校发生的安全事故，而将二者等同，其实不然。安全事故主要是指发生在校园内，或者与学校相关的活动场所，对教师、学生可能带来的人身伤害（亡）事故和对学校、师生员工的财物损坏事故。学校发生的安全事故，仅仅是较为凸显地导致学校发生危机的因素之一，当然，也是较为关键的因素之一。除此之外，发生在学校管理工作中的矛盾、冲突，以及始料不及的外界突发事件的影响、自然灾害等，都可能导致学校危机的发生。

目前学校管理中，"安全第一"的提法非常普遍，这种管理意识关注到了安全对学校生存发展的重要性。然而，仅仅关注安全事故是不够的，在当代社会激烈竞争的背景下，要确保学校的可持续发展，必须将"安全第一"的狭窄观念扩展到"防范危机"的层面。树立全校员工的危机意识是学校管理面临的新任务。

2. 危机预防阶段

危机预防阶段包括培养危机意识、制订危机管理计划、识别潜在危机、建立危机预警系统四个重要环节。对这些环节的有效管理能够帮助学校减轻或者消除可能对学生生命和财产造成的损害，做到防患于未然，降低学校危机事件发生的概率。

（1）培养危机意识。中国有句古语"凡事预则立，不预则废。"预：预先，指事先做好计划或准备，立：成就，废：败坏。不论做什么事，事先有准备，就能得到成功，不然就会失败。这里的"预"指的是危机管理中计划的制订，计划对于危机管理是一个必要的前提条件。但如果没有危机意识，危机管理便会成为无源之水，管理也就无从谈起，可以说危机意识是进行危机管理的前提和基础。能否让学校管理者、教师和学生形成危机意识，是学校危机管理最重要的前提条件。

①要端正对待学校危机的态度。人们常说："态度决定一切。"要全面防范学校危机的发生，首先就要端正对待危机的态度。学校发生危机有可能是偶然因素造成的，但在许多情况下，危机的发生有其必然的原因。如果我们对发生危机的学校进行仔细分析，就会发现，危机之所以发生，很多时候是缘于学校全体师生员工对危机的态度。因此，学校管理者必须意识到，第一，虽然危机是小概率事件，但危机一旦发生，对学校所产生的影响有可能是致命的；第二，无论是什么样的学校都会遭遇危机；第三，危机往往都是人为的，但并不一定是有人故意破坏才产生的，因此，对危机管理的重要性认识并不仅限于管理者，学校的每一个师生员工都具有危机管理意识也非常必要；第四，虽然任何学校都有可能发生危机，但危机是可以防范的，也可以通过危机管理来减少其对学校的负面影响；第五，对待任何危机的先兆都不能掉以轻心，对待危机的态度决不能敷衍了事、得过且过，而应该一丝不苟、认真细致。

②经常进行学校危机意识教育。要树立学校的危机意识，关键在于教育。危机意识并不是一味退守的消极意识，它是一种进取意识，知危而进，遇难而争。危机意识也并不是一种保守意识，而是一种超前意识，认识危机，方

能未雨绸缪、提前防范。危机意识更是一种凝聚力，它能使整所学校像一个人那样，步调一致，应对挑战。用本学校或其他学校的危机事件做案例进行教育，能让师生员工更深切地认识到危机的巨大危害，从而大大提高学校全体成员的危机意识。让全体师生员工都了解危机的征兆和危害，具有一种危机感，帮助他们形成优化自身行为、预防各种危机的思想和能力。

③按计划进行学校危机管理的操练与演习。一是进行危机处理心理训练。可以通过设定危机情景模拟训练，磨炼师生员工的心理承受能力，提高他们的心理素质，以达到"临危不乱"的效果。二是进行危机处理基本功演练。危机处理时间紧迫，对危机处理人员的要求，不仅要知道怎么做，还要在短暂的时间内准确无误地完成规定操作。通过基本功演练，确保操作熟练准确，万无一失。三是进行危机处理现场实战演习。现实中的学校危机情形千变万化，只具备良好的心理素质和危机应对基本功还不行，还需要根据危机现场情形进行实战演习。实战演习应尽可能地考虑各种突发危机事件的应对策略和实际操作，并将演习过程进行及时评估和比较，确保学校在真正的危机来临之际能安然渡过难关。①

（2）制订危机管理计划。学校的危机管理计划是指学校需要制订和实施的关于危机事件的预防、预测、处理和监控的有关规定和确保学校安全、学生健康发展的指导性的文件。它的合理制订对学校管理者应对危机的有效管理有重要意义。

①预防学校危机发生。制订学校危机管理计划的最终目的是通过采用各种措施可能不让危机发生。消除危机是学校危机管理的最高境界，当然，

---

① 张兴.小学危机管理实务（第一版）［M］.北京：中国轻工业出版社，2009：170.

到目前为止还没有一种学校危机管理计划能够达到这样的境界，但是学校各个群体之间通过合作能够形成一个行之有效的学校危机管理计划，就可以将很多潜在危机扼杀在摇篮中。这是学校危机管理计划的重要作用之一。

②减少学校危机带来的损失。有些危机可以预防，但是无法避免其发生，在这种情况下，怎样在危机发生之后，使得人力、财力和物力的损失降低到最小程度，就依赖于学校危机管理计划的作用。

③提高学校危机决策的质量。一旦校园发生了危机事件，需要的是学校管理者和教师群体的沉着冷静和果断决策。如果学校有一套可以借鉴的学校危机管理计划，那么，在危急时刻，可以提高决策质量，确保学校管理者和教师群体在第一时间的主动地位。学校管理者和教师群体的沉着冷静，可以给学生或者是其他校内群体以榜样作用，从而使得对于危机的处理在忙碌地争取时间中不会出现混乱，最终可以使危机得到最大限度地化解。

三、课程教学制度

（一）教学常规制度

教学是学校的中心工作，是学校培养人才，促进学生全面发展的基本途径。教学工作的好坏，关系到整个教育质量的高低，关系到所培养人才的素质，是深化教育改革，提高教育质量的根本保证，为了进一步规范学校的教学工作，实施全方位的目标管理，特制定《教学常规管理制度》。

1.教学常规与课程标准

（1）学期开始各学科都要制订好学期教学计划，并努力做到明确教学目的，清楚教学进度，合理分配时间。各教研组制订学期教研计划，并于开学第一周上交教务处。

（2）掌握本学科课程标准，做到教材结构清楚，学科特点清楚，学科教学目的清楚，重点难点清楚，学生的能力发展要求清楚。

2. 备课

（1）个人备课要做到备课程标准，备教材，备教学内容，备学生实际，备教学方法，备教学手段及教具，备教学练习，备能力培养措施，备德育美育的熏陶。

（2）上课前必须写好教案，教案一般包括：课题、教学目标、重点难点、教学用具、教学过程、实验操作、作业布置、板书设计、课后小结。教师教学前应提前一周备课、教案字迹清楚整洁。

（3）不得使用旧教案或以参考资料代替教案。

（4）各教研组组长根据本组学科的不同情况，组织教师每月进行一次集体备课，要求人人发言，互相交流，取长补短。

3. 上课

（1）早读课科任教师必须到班指导学生早读，不依时到班或随意离开教室的做旷课一节处理。

（2）上课教师做到不迟到、不早退、按时上下课，迟到或早退三次按旷课一节处理。

（3）上课时不得接打电话、玩手机。不得因私事离开教室，不能以作业代上课，或让学生自习，否则按旷课一节处理。

（4）教学人员必须按教学计划完成课堂教学任务，坚持以学生为本，面向全体学生，尊重学生个性发展，努力提高课堂教学质量，重视教学方法的改革与研究。

（5）第一次预备铃响时教师到位，上课期间不能离开教室、不能坐着上课，下课不拖堂。

（6）教师必须按课程表上课，不得擅自调课。如有特殊情况要调课须经过教导处批准，否则按旷课处理。

（7）正确贯彻教学原则，做到掌握知识与实践能力相结合，智力因素与非智力因素相结合，知识技能与思想教育相结合，统一要求与因材施教相结合。

（8）注意演示与示范，充分利用板书、挂图、标本、录音、投影、录像、多媒体等教学工具和手段辅助教学。

（9）重视指导学生动手能力的培养。凡是有实验操作任务的学科要按质量完成实验示范，让学生人人动手做实验。

（10）教学过程要组织严密，安排紧凑，结构合理，重点突出，难点突破，无知识性错误，做到精讲精练，采用各种方式和方法，让学生动手、动口、动脑。引导学生主动参与、大胆质疑，调动学生学习的积极性，启发学生独立思维，引导学生自主、合作、探究学习。激发学生创新精神，培养学生创新能力。

（11）教师上课必须坚持使用普通话（英语课尽量全英语教学），写规范字，讲文明语言，合理设计板书，口头表达自然流畅，亲切生动，教态自然大方，要加强与学生的沟通、交流、营造和谐民主的教学气氛。不体罚或变相体罚学生。

4.作业与批改

（1）布置作业要明确，内容要精选，分量要适当，难易要适度，时间要控制，杜绝机械重复或惩罚性作业。

（2）课内作业要在任课教师的指导下当堂完成，家庭作业要适量、一、二年级不布置家庭作业，三至六年级家庭作业不超过 1 小时。课堂作业要全收全改，课后作业原则上坚持全批全改，对完成作业有困难的学生要坚持面批面改。

（3）严禁让学生批改课堂作业。

（4）批改作业要及时认真，错误要记录，原因要分析，讲评要严格，错题要重做，作业要达到规定次数（数学、低年级语文每天一次，作文全期 10 次）。

（5）作业写清批改日期，批改简明易懂；少指责，多鼓励。

（6）三至六年级语文设：生字词、组词、造句、综合练习、周记、作文等，三、四年级全期作业不少于 90 次，五、六年级全期作业不少于 85 次，周记、作文交替进行，间周一次。

（7）对于作文批改，教师要认真对待，有针对性地写评语，有眉批、段批、总批，不能只写一个"阅"字敷衍了事，作文全期不少于 10 次。

（8）数学作业：三至六年级全期作业不少于 90 次。

（9）英语作业三至六年级全期不少于 80 次，三年级以字母和单词练习为主，四年级以单词和句子练习为主，五年级以句子和作文练习为主，六年级以句子、阅读、作文练习为主，加以适当的听力练习、口语作业、操作性作业为辅。

（10）作业每月由教研组组长检查一次，学校领导也会不定时对教师的作业量和批改质量进行突击检查。

5. 辅导

（1）语文、数学、英语的课外辅导要做到四点：①制定潜能生转化记录；②对成绩优秀和智力较好的学生要适当提高学习难度满足他们的求知欲；③解答疑难问题时进行学习方法指导；④组织课外阅读，各班建立了班级图书角，为提高学生的自学能力和阅读水平，学生每周不定期分享阅读心得。

（2）积极贯彻因材施教的原则。对于优秀学生，在全面发展的基础上，鼓励他们发挥特长，不断提高学习兴趣和自学能力；对于有困难的学生，要满腔热情，分析原因，从提高学生兴趣入手，培养正确的学习方法与良好的学习习惯。通过个别指导或有计划的补课，帮助他们在学习上取得进步，并对他们的特长予以鼓励和培养。

（3）课外辅导要安排在学生自习或课外活动的时间进行，不准侵占和挪用非语数英课时间进行辅导。

6. 听课

（1）每个教师全期听课不少于15节，教研组组长、少先队辅导员不少于20节，校长、主任不少于25节。

（2）全校教师在教导主任和教研组组长的组织安排下，大力开展听课、评课交流活动，通过查、看、听、访、评进行课堂大比武，通过教师是否突出以学生为中心、突出充分发挥学科育人功能、突出信息技术与学科教学深度融合、突出提升教师素养、突出多元评价作为品质课堂的重要评估参数。

7. 检测

（1）各任课教师要做到单元检测、期中检测和期末检查。检测教师要认真负责，杜绝作弊现象发生，做到成绩真实可信，以便对学生有针对性的辅导和管理。

（2）检测、批改和评讲要及时，且要做到全收全改。

（3）每次检测的成绩和具体情况要填进成绩册和具体情况分析登记表。

（4）每次的检测试卷和分数要和家长见面。

8.教育科研

（1）每位任课教师必须参加学校教研组的教研活动，并能围绕活动中心，积极发表自己的见解，虚心听取他人意见。坚持互相学习，取长补短，每期听课不少于15节。

（2）遵守教研纪律，不无故请假或迟到早退，教研工作纳入教师考核考勤奖惩。

（3）每周一次的教研活动时间，各教研组根据各自情况认真组织，积极开展，并做好记录。

（4）各教研组每周按单元重点、难点，由教研组集体研究备课一次。

（5）教研组每月开展一次教研活动，每期上交一份教研工作计划、总结，每位教师每期至少上交一篇教研论文、教案设计、案例分析或经验总结。

（二）课堂管理制度

上课是教学工作的中心环节，课堂是履行教师职责的中心舞台，也是体现教师价值的最佳场所。如果教师在课堂教学活动中能优化课堂教学，注重课堂效率，让学生在单位时间的课堂内积极思考，积极探索，充分利用课堂上的每一分钟，就能取得事半功倍的效果。为保证每一节课的教学质量，特做如下规定。

1.课前准备

（1）教师在授课前必须有所授课程三分之一的讲授教案，并且在讲授过程中应有一章以上的教案储备。同时，每学期的授课教案必须重新编写，不得原封不动地沿用"旧教案"。

（2）任课教师必须熟悉所授课程的课程标准，在教学过程中，严格按照课程标准的要求组织和实施教学活动，制订本课程的教学进度表，并按照教学进度表的要求实施教学。

（3）教师在上课前必须明确本次课应讲授的主要内容、重点、难点和疑点，做到在脱离教案的情况下从容地完成教学任务。

（4）任课教师必须做好课前准备工作，包括了解学校有关规定及上课时间、地点、学生的基本情况。

（5）教师应在上课前认真了解教学对象的学习基础，处理好本课程与完成课程及后续课程的衔接，科学、合理地组织课堂教学。

（6）教学过程中如需要使用多媒体教学，教师必须对电子教案、投影片、演示实验、插播片等做好准备，以确保形象化教学的效果。

（7）教师要提前拟定好每次课后留给学生的作业题和思考题。

（8）教师要提前进入课堂候课。上课铃响后，先清点人数，然后组织教学。

2. 课堂教学

教学是课程实施的主要途径，课堂教学是师生交往、共同发展的互动过程，教师要改变教学方法，在教学过程中要通过讨论、研究、实验等多种教学组织形式，引导学生积极主动地学习，使学习成为在教师引导下主动的、富有个性的过程。

（1）课堂教学是教学过程的重要环节，任课教师应努力提高讲课水平，以取得教学的最佳效果。课堂要以各学科的教学大纲和教科书为主，要依据、遵循以教师为主导、学生为主体的原则，努力提高课堂教学效果。

（2）在授课过程中要做到

①内容熟悉：要尽可能脱稿讲课。

②语言标准：坚持普通话教学，语言力求准确、生动、简练，教态自然。

③条理清楚：在教学内容的处理上应层次分明，条理清楚，整体结构合理。

④重点突出：要详略得当，难点分散。每节课难易程度要适中。

⑤方法得当：要注意启发式教学，培养学生的学习兴趣以及自主学习能力。

⑥板书工整：板书是教师用文字和插图提供给学生的教学提纲，要求排版整齐，字迹工整，插图规范，以便潜移默化地影响学生形成治学严谨的学习作风。

（3）课堂上要面向全体学生，积极运用科学的教学方法、手段，包括用好校内现有的教学设备，培养学生的综合素质能力。

（4）教师之间要互相听课，认真交换听课意见，互相学习，共同提高。班主任要和任课教师加强联系，及时掌握情况和学生动态，以便采取相应措施，提高教学质量。

（5）要充分调动学生的积极性，培养学生的自学能力和思维能力，对后进生要多检查，多帮助，注意他们对知识的消化和理解程度，以便及时进行补课。要注意保护学生自尊心，禁止体罚学生。教师不无故中途离开教室，不能接待客人，不能打电话或接电话，不能提前下课，不准拖堂。

（6）教师应仪表端庄，穿着整洁、大方，不穿背心、拖鞋进教室。

（7）有计划地指导学生进行阶段复习、学期复习和毕业复习，凡课内进行复习的必须有教师在场组织。

（8）在完成教学大纲要求的前提下，坚持课堂教学的严肃性、科学性，注意讲授内容与社会主义方向、社会文明与伦理道德的一致性，坚决杜绝庸俗、不健康的内容进入课堂。

3. 课下辅导

（1）课外辅导答疑是课堂教学的一种辅导形式，是课堂教学的延续，也是教学工作的主要环节之一。根据差异性原则，考虑学生在智力、文化基础、心理等方面的不同，为了保证教学目标的圆满实现，为了大面积提高教学质量，课下辅导必须及时跟上，尤其要加强对学困生的辅导。

（2）辅导内容。近期的教学内容，以当月所学的教学内容为主，侧重重点知识。

（3）辅导形式。多种多样，如个别辅导、答疑、补短练习、集中辅导等，教师还可通过作业、交谈、观察等手段，全面深入地了解、分析学生，按基础知识掌握情况、思维能力、学习方法、学风、意志品质等方面，对学生进行因材施教。

（4）辅导要求有以下内容。

①教师给学生辅导要及时、热心和耐心。

②教师在辅导答疑时应汇总学生的问题和意见及时分析和总结教学情况，以便改进教学方式。辅导答疑原则上每周1～2次，一般以个别答疑为主，集体辅导为辅。辅导答疑情况要有记录，以便在复习和今后教学中加以注意，强化课堂教学的实效性。

4. 说课

说课是指任课教师在规定的时间内从教育理论高度，对已备好的课进行概述，以表明对教材的理解情况，以及教学目的的确定、教学总体设计、教学方法选择等的依据。

（1）说课的目的在于对教师进行全面了解，并进行综合评价。在广大教师积极参与的过程中，促进教师素质的提高，进而大面积提高教学质量。

（2）说课是教学过程中的一种群众性的教研活动，要讲究科学性和系统性，要清晰地反映出教学系统的内在联系，反映出反馈与控制的过程。

（3）说课要有说课稿。将说课的材料系统化，形成说课教案，包括教材分析、教材处理、教学方法、教学手段、教学过程等。

（4）教师说课的教态要自然、亲切、大方，有感染力。

（5）说课语言要精练、严谨、准确，有示范性。

（6）说课要说板书设计的基本框架，以及板书设计的依据理由。

5. 听课

为加强对课堂教学的检查与指导，促进教师素质和教学质量不断提高，学校领导要坚持深入课堂进行听课。听课也是教师互相学习、互相借鉴、互相交流的极好方法，是提高教师教学技能的一种岗位培训。

（1）听课数量

①教研组组长每周听课 2 节。

②青年教师（见习期）每周听课不少于 2 节。

③任课教师每周听课 1 节。

（2）听课要求

①听课采取随机或跟踪的方式，全面听课与重点听课相结合。

②听课态度要认真，当堂写好听课记录。记清听课时间、班级、学科、授课人、课题，记全教学过程，记好分析与课堂评价。

③听课后及时与授课人交换意见。切磋技艺，取长补短，共同提高。

④集体听课后，要组织评议，肯定成绩，指出不足，提出改进意见，达到在借鉴中创新的目的。

⑤不得抄袭他人听课笔记或假造听课笔记。

⑥善于发现和培养典型。对优秀课例要积极地在学校宣传推广。

（三）学业评价制度

学生学业评价是反馈教学质量、评价教学水平的重要依据，具有激励学生学习、改进教师教学的目的。为有效落实评价内容多维、评价主体多元、评价方式多样的评价原则，建立有利于促进学生全面发展的评价体系，特制定本《联升小学学业评价办法》。

1. 单项测查

（1）测查学科。

（2）全学科。

表 3-3　全学科评价项目

学科	评价项目
语文	书写，朗读／表达，写话／写作，读书／积累
数学	概念理解／操作，计算，解决问题
英语	听力，口语，词汇，写作
体育	跳绳，跑跳类，投掷／球类
音乐	唱歌，表演，乐器演奏
美术	绘画，手工
科学	科学概念，实验操作，科学探究，社会知识，调查研究，成果发表
劳动技术	生活知识，个性作品，种植研究
信息技术	软件操作，作品创作

（3）实施要求。

①学科委员会结合学科课程标准，构建学科单项测查评价体系。确定不同年级单项测查的评价项目，制定不同等级的评价标准。

②每学期每学科确定单项测查的项目不少于 2 项，可以根据学习进度确定测试的时间。

③评价结果以"优、良、及格"的等级进行呈现。对于不及格的学生可以延迟评价，合格为止。

2. 阶段测试

（1）测试科目：语文、数学、外语工具类学科。

（2）实施要求。

①3 ~ 6 年级语文、数学、外语学科每个学期 1 次测试。

②组长在每学期初制订各科学业评价计划，确保得到更好的学习效果。

③语文、数学学科可以用单元练习卷进行复习，以取得更好的学习效果。

④评价结果用等级方式呈现，及时记录并面向学生进行反馈，教师要针对评价中存在的问题予以补充指导。

⑤对于因特殊原因没能及时参加阶段测试的学生要进行补充测试。

3. 期末纸笔测试

（1）考试科目：语文、数学、外语。

（2）考试时间如表 3-4 所示。

表 3-4　考试时长

学科	一、二年级	三、四年级	五、六年级
语文	0 分钟	80 分钟	100 分钟
数学	0 分钟	80 分钟	90 分钟
外语		40 分钟	60 分钟

（3）考试命题。期末测试由学科委员会命题。要准确把握课程标准中的年段要求、学生特点，试题力求体现开放性、灵活性和综合性的特点，以求全面、客观地检测学生学业水平。

（4）考试形式。试卷以闭卷形式为主，高年级的语文学科可有适当的开卷试题。每个考场学生座位单行排列，教学管理部统一安排教师监考。

（5）试卷批阅。组长统筹安排评卷人员分工、流水批阅。确保答案科学准确、批改符号规范。如有改动须经批阅人、组长签字。

（6）结果呈现。分工批阅后由班级任课教师自行核算总分，在试卷上方用铅笔标注分数，用红笔标注等级。班级学生成绩按要求提交教学管理部备案。

（7）结果分析。教师针对学生的试卷，总体分析班级学生的学习情况，从基础知识、基本技能、综合运用、情感态度等维度，分析试卷中反映出的优点与不足，提出改进的措施与办法，年级组完成一份试卷分析。

（8）修订反馈。教师及时向学生公布考试成绩，针对错题进行集中或个别指导，学生要完成错题的订正，将考试的情况在家长会上面向家长反馈。

（9）试卷存档。考核试卷在家长会结束后提交教学管理部存档，学校对试卷进行分析。

（10）没能及时参加考试的学生，要进行补考。

4. 结果呈现

（1）期末学科教师要在《学生综合素质评定》上填写学生的平时成绩与期末成绩，一律用等级方式呈现。

（2）《学生综合素质评定》由任课教师本人填写，书写工整、规范用语。教师评语一项由班主任填写，学科教师要适当提供学生日常表现的信息，便于班主任对学生做出客观的评价。

（3）表现类和综合类学科的综合评价需要进行期末测试的，由学科教师自行命题，组长审核。可以采取开卷与闭卷相结合的方式，随堂进行考试。

5. 相关说明

（1）检测结果不能当众宣布学生考分，不能给学生排名次。

（2）等级标准：90分以上为优，80~89分为良，60~69分为及格，60分以下为不及格。

四、德育制度

（一）学生行为规范

日常行为规范，顾名思义即学校对小学生日常行为的最基本的要求。其目的在于加强对小学生的文明礼貌的教育和行为规范的训练，以促使他们从小养成良好的行为习惯。在联升学校学习读书的学生都要讲文明、懂礼貌、有教养，让学校文明有序，让学校优良的校风、学风深入家长的心中，在社会上有越来越好的声誉，同学们每天都要自觉地要求自己做到以下要求和规定。

早上上学前：检查穿戴（校服、校卡、红领巾）是否整齐，仪容仪表干净整洁。坐车的学生要提前在候车地点等候，上车时和校车老师、司机叔叔问好。所有学生离家前要面向家人微笑说再见，上学不带零食。

进校门：向门口迎接学生进校的值日老师敬礼问好，按秩序排好队走在规定的线路上（侧门进入的学生走全部跑道第三条线）进入校园，骑自行车的同学进入门前广场后下车推车进入校园，按指定位置有序摆好自行车并上好锁（车头朝里，车身摆正），坐车的学生下车后自觉地走成一队，有序地从下车的地方进入教学楼前的跑道，去东面（食堂方向）的走学生第三线，去西面的学生走第二线（靠近教学楼一边），在规定的地方拐弯，不可提前，进入校园后不大吵大闹，上下楼梯靠右行，见到老师同学主动问好。

早读课：依照课表安排学习，不扰乱课堂纪律，不做与学习无关的事，不做影响同学学习的事情，不在教室吃早餐，不随意地在教室和走廊里来回走动，打扫公区卫生的同学不吵闹。

升旗做操：检查自己的仪容仪表（校服、校卡、红领巾）安静有序迅速地排好队，在老师和体育委员的带领下进入指定地点，行进时保持间距，不掉队、不离队、不讲话、不打闹，行进途中汇合时要保持横成排、竖成列。进入指定地点后保持安静，不讲话，不打闹，认真做操或开会。

课堂：预备铃声响后迅速地回到教室，准备上课的用具，班级课前一支歌或诵读弟子规，课前起立向老师问好，上课时认真听讲和做笔记、不随意讲话、吵闹、发言先举手。移动桌椅时轻抬轻放，不要发出刺耳的声音，保持桌椅的整齐。迟到的同学要在教室门口举手喊报告，课堂结束后起立向老师道谢，让老师先走出教室方可下课。

课间：下课后先将课桌椅摆放整齐，再到教室外休息，可以跳绳、跳皮筋、讲故事、闭目休息、远眺。不奔跑、不打闹、不讲脏话、不大声喧哗、不做危险的游戏。保洁同学要随时注意公区的卫生，时刻保持干净的环境。进入老师办公室时要喊报告，在得到老师的同意后方可进入，走出办公室时随手轻轻地带上门。

中午放学：中午放学铃声响后回家吃饭的同学提前排好队，佩戴好自己的校卡（没佩戴校卡的学生不准出校），安静地等待老师，5 分钟内一、二楼各班走完，8 分钟内三楼走完，10 分钟内四楼走完，没有按照规定离校的班级待到 10 分钟以后再离校；见到家长和老师有礼貌地敬礼打招呼，队列横成排、竖成线，队伍行进中不掉队、不离队、不打闹，爱护校园的环境卫生，主动拾起地上的垃圾放入垃圾桶。

一楼的班级从西过道靠花坛一侧进入跑道的三、四线（靠近教学楼为第一线），二、三、四楼的班级走第二线，拐入侧门跑道后走同样的路线，骑车的同学在队列走到对应的停车位后出队靠墙站，等所有同学走完后回到自己放车的地方。按照摆放的顺序一个接一个有序地推车出校门。放学回家的路上要遵守交通规则，靠右行，不在公路上玩耍、不横穿马路，过马路左右看，没车方可通过，按时回家，不让家人担心。

进入学校的老师和同学走第五线。

午餐：在校吃饭的同学在教室安静地等待拿饭菜的同学将饭菜带入教室，排队等候，不推挤。拿饭菜的同学一律从西楼梯走，要小心饭菜洒漏，不快走，不讲话，上下楼梯靠右行。吃饭时保持教室卫生，不讲话，不浪费粮食，吃完饭后，碗、勺放在指定的地方，吃完午饭后，值日的学生要及时地打扫班级卫生，不值日的学生马上去厕所，提前进入午休。

午休：午休铃声响后，所有在校学生要马上保持安静，让整个校园霎时间由吵闹变安静，不准再去厕所，没有说话的声音，没有追逐打闹的现象，没有走路的脚步声，没有课桌椅挪动的声音，还没有回到班级的学生要快速安静地回到教室，看午休的老师如果接打电话或有家长来访要小声，不要影响学生午休。在睡房休息的学生要提早进去，不在睡房吵闹、讲话，安静入睡。

走读的同学回家吃完饭后返回校园，进入校园要保持安静，轻手轻脚快速地回到教室休息或学习，轻抬座椅，不要发出声响影响休息的同学和老师。不进入校园的学生在外玩耍时不大声吵闹、不玩鞭炮、不爬树，让安静的校园和正在休息的老师、同学不受打扰。

下午上学：在午休铃声响后要及时地返回学校，按照上午进校门的规定执行，上下楼梯靠右行。

眼保健操：眼保健操铃声响后，所有班级、学生放下手中的书和笔，闭上眼睛认真做操，做完眼保键操以后趴在桌上，等音乐停止后方可下课。

第二课堂：所有学生按时到达指定地点认真学习，不在校园玩耍，不串班，不躲藏。

下午放学：下午放学后第一趟坐车的学生先到一楼等车，其余学生回到班级准备，待第一趟车走完以后，班主任带领剩余坐车学生和走读学生按照中午放学的时间标准离校，等待校车时在指定地点排好队列就地而坐，书包一列，人坐一列，看书、写作业、做小游戏，小声讲话，不追逐打闹，不高声喧哗，不乱丢垃圾，放进垃圾桶，听从值日老师和车队长的安排。车队长在跟车老师回来以后清点完人数方可带队离开，排好队形队列，不推搡，不冲跑，发扬雷锋叔叔的精神，关心和照顾小同学，主动帮助有需要帮助的同学，有序地上车，期中和期末各评选一次优秀车队和优秀车队长。乘车时保持车厢的安静，不影响司机叔叔开车，不在车内吃零食，不把头和手伸出窗外，下车后先回家，做完作业后若要出去玩要和爸爸妈妈打声招呼，并早点回家休息。

集会：保持会场的安静，不随意在会场内走动，特殊情况需要离开时须向老师报告，在主讲同学、老师、叔叔阿姨致谢时要热烈鼓掌，离开时要保持会场的卫生干净。

集体活动：听从老师的安排，穿戴干净整洁的校服，佩戴校卡、红领巾，爱护学校的荣誉，不做有损学校荣誉的事情。

校内：见到老师右手敬少先队礼问老师好，见到家长问叔叔阿姨好，爱护学校的设施，不在墙上涂抹乱画，上下楼梯靠右行，文明用语，不讲脏话，爱护小同学，不欺负同学。

校外：尊敬父母，孝敬长辈，爱护弟妹，维护学校的荣誉。

所有教师在每天见到学生的第一面时，都是用笑脸迎接，让校园在一个和谐的氛围内开始新一天的工作和学习。

（二）德育、心育交互

德育，思想品德教育。党的十八大报告首次提出："把立德树人作为教育的根本任务"。强调了道德的重要性。世界观、人生观、价值观是人们文化素养的核心与标志。心育，心理健康教育，是现代素质教育的重要组成部分。党的十七大报告第一次提出："加强和改进思想政治工作，注重人文关怀和心理疏导"。提出"心理疏导"这一观念，这表明了由"德育"

为主的思想政治教育工作开始关注人的内心感受与心理健康状况。德育与心育是教育中须共同发挥重要功能，才能让学生的品性与品行得到最好的发展，才是提高学校德育工作的有效途径。

1. 德育与心育的区别

德育与心育，二者的区别很大。德育侧重是思想政治教育、道德品质教育等方面的问题，旨在提高学生思想政治和道德水平。心育，则是注重提高学生的心理素质、发挥自身潜能和维护心理健康等问题。二者不可替代。

2. 德育与心育并行，共育"向阳而生"的和美学子

（1）德育需要心育做后盾。近几年，中小学学生的心理健康教育让社会各界都尤为关注。学校作为文化教育的主要场所，学生身心健康成长的园地，担负的责任是巨大的。目前，一般的德育更侧重于思想政治教育，甚至有的教师直接就是把德育当作思想政治教育，更注重于说教或是填鸭式地灌输，忽视了学生心理品质的培养，以至于学生因厌烦而抵触。要想学生充分理解并乐于接受，须结合心理素质的调节才能更好地实现。因此，须加强德育与心育之间的有机整合，切实提高德育工作的实效性，让心理健康教育成为有效地实施德育的后盾。

（2）德育与心育的有机融合。在学校教育管理及班主任工作中渗透德育和心育。"老师的秘密在于掌握学生的心理世界。"学校教育管理及班主任工作中德育的渗透是教育学生热爱共产党，热爱社会主义祖国，树立为实现我国社会主义现代化而奋斗的志向，教育学生遵守法规校规，养成良好的道德品质和文明行为习惯。心育的渗透即是指对学生进行学习考试、升学的心理指导，情感、性心理教育，健全人格，耐挫能力的培养，

人际关系、自我心理修养的指导。

心理素质是基础，思想道德素质是关键。心理健康教育的扩充完善了德育的目标和内容，为有效地实施德育奠定了基础，为提高德育效果提供了新的途径。

在教育学生的过程中，严格执行学校各项规章制度的同时，还应结合心理健康教育，对学生已出现的各种问题做出处理的同时，帮助学生找出问题的原因，指导学生找到克服的方法，并提供可努力的方向作为参考。

在学科教学中渗透德育与心育。学科教学是帮助学生学习基础文化科学知识，培养学生的各种基本能力，促使学生养成以及发展情感、态度和价值观的一种活动。学科教学中的德育和心育渗透，主要是以生为本，运用启发式和讨论式的教学方法，激发学生的独立思考能力和创新思维，让学生在探索和思考中感受知识里涵盖的人生哲理，培养出探索研究新知识和新信息的强烈学习欲望。在各学科的授课过程中，须注意课堂内容的针对性和实效性，突出重点，避免游离于传授知识之外或单纯地利用教材讲知识。

学科教师在课堂中应关注学生的心理活动，多一些与学生的心理沟通，多运用鼓励式的教学方式，让学生能积极参与课堂。

如在语文的字、词、句、篇的讲解中，须在声情并茂的朗读中，通过情感的共鸣，激发学生的情感，注重对学生的审美情感的培养，这对学生的心灵塑造起着潜移默化的作用。在数学、英语、体育、美术、音乐、劳育等教学中，都有可作为思想政治教育和心理健康指导的内容，学科老师在备课中须充分了解学科特点，重视和利用一切可利用的资源，让德育与心育并存于每一节课中。

在课外活动、班级团队活动中实现德育与心育的渗透。每学期开展各种社团活动，通过舞蹈、跳绳、美术、球类、主持、科技等各种社团活动，培养学生的各项兴趣爱好，开发学生的思维和智力，激发学生的内在潜能，发挥学生的特长，让学生充分认识自我，树立自信心，再把这种积极的心态迁移到学习上，逐步体会到成功的喜悦，获得成就感。

学校、家庭、社会三位一体，共同维护学生的心理健康，提高德育的实效性。无论是德育，还是心育，除了学校的重视之外，更需要家长积极提高自己的思想素养，能有正确的家庭教育意识，能正确认识自己的孩子，注重学习的同时，关注孩子的德育及心理健康教育，采取正确积极的家庭教育方法，尊重孩子，教育孩子尊重生命，帮助孩子梳理正确的价值观。还需要社会给予宽松的教育环境，全民重视心理健康教育和思想道德教育，培养学生的人生观。

（二）班主任队伍建设

1. 班主任培养目标

2014 年第 30 个教师节前夕，习近平总书记考察北京师范大学时发表重要讲话，勉励广大教师做有理想信念、有道德情操、有扎实学识、有仁爱之心的"四有"好老师。[①]

2. 班主任工作队伍建设

班主任是学校德育工作的中坚力量，是校内各种教育力量的纽带，是沟通学校、家庭、社会的桥梁，是班级的组织者、建设者、管理者、

---

① 　陈晓君.立德树人争做四有好老师［J］.新教育时代电子杂志（教师版），2018（45）：76.

协调者、指导者和教育者。班主任队伍整体水平的高低直接关系着每个学生的成长，作为民办小学，班主任队伍建设自然显得尤为重要和紧迫。

（1）明确班主任职责，加强身份认知。2009年，教育部颁发的《中小学班主任工作规定》对中小学班主任的工作做了具体的要求和规范。根据此规定，联升小学建立和完善班级管理规章制度，如《联升小学班主任在校一日常规工作》《班主任工作职责》等。这些制度的制定，从班级德育工作、日常管理、班主任榜样示范作用、与科任教师关系的协调、与家庭社会之间的教育沟通等方面强化了班主任的岗位责任意识，配合常规管理工作的常抓不懈，使各项工作按照要求有序开展，班主任工作更具规范性。

（2）强化业务培训，提高工作能力。针对联升小学班主任的实际业务需求和工作状况，加大培训力度，着重针对三个方面进行：一是班主任的专业素养，包括班主任的具体工作职责与班级常规管理，相关法律法规、案例分析研究和经验总结等；二是班主任的日常教育工作，包括班级主题教育和班集体建设，校园伤害事故预防及偶发事件的处理，家庭教育指导等；三是实践活动的指导，包括上主题班会课、撰写教育案例、创建和谐美丽的教室环境等。

班主任工作是一门艺术，更追求工作实效，为了能迅速地掌握工作技巧，提升整体素质和管理能力，从而推进学校的班风、学风、校风的建设及稳固，联升小学针对现有班主任队伍的整体状况，每学期组织开展多次班主任业务培训，主要采用线上自学、小组讨论、专家讲座、同伴交流等多种形式。培训内容包括学习教育法律法规、师德师风建设、班主任工作职责与常规管理、班级建设与常规管理、班干部的培养与使用、校园伤害事故预防及偶发事件的处理、学生综合评价的撰写、班级文化的建设等。通过学习，使班主任更新教育理念，提高专业素养，提升工作能力。

（3）完善考核评价机制，调动工作积极性。为了充分调动班主任的工作积极性，发挥特有的职能作用，强化班级教育和管理，全面提高班主任队伍的素质，提高育人质量，完善班主任评价机制，现学校对班主任实行量化考核评价管理。通过量化考核，及时发现、肯定、总结、交流、推广班主任工作的先进思想、经验和方法。及时发现、纠正班主任工作中的一些误区，消除消极影响，使班主任做好学生教育工作，调动学生的学习和生活积极性。通过量化考核，班主任工作逐步走上了有据可依、有章可循的规范化轨道。

3. 班主任评价机制

联升小学班主任考核标准如表 3-5 所示。

表 3-5 联升小学班主任考核标准

姓名		班级			学生数		考核时间			等级	
考核内容			具体项目					分值	自评得分	考评得分	备注
一、师德		1. 无体罚或变相体罚行为						5			
		2. 无有偿家教的行为						5			
		3. 无违反国家法律的行为						5			
		4. 无违反师德师风行为清单的要求						5			
二、常规管理		1. 班主任工作计划制订及时、具体、重点突出，并具有针对性、可操作性和创造性，各阶段和学期工作总结能反映班级全貌和特点						5			
		2. 班队组织健全合理，积极做好对班干部的选拔、培养和指导工作，班级工作落实到位，组织班级学生干部会议，有主题，有会议记录						5			
		3. 班务日志内容按时填写完整						2			
		4. 学生自觉遵守学校规章制度和小学生日常行为规范，无事故发生，课间活动纪律良好，放学排队秩序好。家长接送有序						3			
		5. 卫生达标，教室内外、公区干净整洁，室内桌椅、物品摆放整齐						5			
		6. 指导学生认真、规范做好两操，花样跳绳达到学校的标准，集会时学生无违纪现象发生						5			
		7. 教室环境布置个性化，按规定出好黑板报						5			
		8. 加强安全教育，做到安全教育有记录，班级无安全事故发生						5			
三、思想教育		1. 班队会活动主题鲜明，过程清晰，实效性强，做好记录。每班每月至少一篇结合本班实际的报道在校园网发表						5			
		2. 关心、热爱每一位学生，教育方法能做到因人而异，对问题学生认真进行德育辅导，并记录在册						5			
		3. 经常和家长联系，新班当期完成 100% 家访，老班重点学生做到 100% 家访，学期结束时家校沟通率达到 100%						5			
四、潜能生教育		1、潜能生在原有学习和习惯的基础上培养一项特长。						3			
		2、潜能生在原有学习和习惯的基础上取得了 10% 的提升。						5			
		3、潜能生在原有的学习和习惯的基础上取得 10% 的提升并培养一项特长。						7			

姓名	班级		学生数		考核时间		等级	
考核内容	具体项目					分值	自评得分	考评得分	备注
五、出勤考勤	1. 升旗仪式和集会，学生纪律严明、秩序井然，没有迟到或无故缺席现象					2			
	2. 按时参加学校召开的德育（班主任）会议，会上积极交流，认真记录					3			
	3. 严格执行学校的工作纪律					5			
六、后勤处工作	1. 能及时完成临时性工作，上交资料					2			
	2. 负责管理好班级财产，无缺损现象，公共场地内，花草、树木及其他公共设施无损坏					3			
七、附加分	1. 荣获一次上和班加2分，未得荣誉班级卫生、纪律、出勤、仪容仪表一周内为扣分，则每一项加0.5分								
	2. 校、镇、市、省、国家级评比的个人荣誉每人次分别加1、2、3、4、5分，团体荣誉每奖次加2、4、6、8、10分								
	3. 校级团体竞赛获一、二、三等奖，分别加4、3、2分（荣誉称号的班级按三等奖计分），获镇级加8、6、4分，获市级加12、10、8，获省级加16、14、12分，获国家级加20、18、16分								
	4. 个人获校级一、二、三等奖加3、2、1分（优秀奖按三等奖计分），获镇级加5、4、3分，获市级加10、7、5分，获省级加15、12、10分，获国家级加20、17、15分								
	5. 学生作品、文章发表在报刊（有正式刊号）上，国、省、市分别加8、6、4分								
	6. 学生好人好事受到社会相关组织表彰或组织学生开展一些有益活动，影响较大奖4分								
	7. 活动发动工作（爱心捐款、社会实践等活动）在全校前三位的分别加3、2、1分								
	8. 临时任务积极承担并认真完成，视具体工作酌情加2～5分								
	9. 输送校级社团骨干队员每生加1分，参加镇运动比赛每人次加2分								
标准	80分以上为"优秀班主任"，按"优秀班主任"20%评出"和雅班主任"					总分	100		

第四章　强化民主监督

　　建立有效的学校监督机制、完善监督体系是确保现代学校制度建设顺利进行的重要保障。当前我国学校办学主体多元化，办学条件差异较大，办学理念在执行过程中也不尽相同，迫切需要建立专门的监督机构来提高教育教学质量、完善学校各项制度的建设、加强监督检查，并鼓励新闻媒体及社会各界进行舆论监督，营造人民群众广泛参与监督的良好氛围，确保基础教育公平的实现。构建现代学校制度必须坚持"以人为本"，这是现代学校制度基本特征中最核心、最基础的准则。因此，在建立学校内部监督制度的过程中必须体现民主性。

第一节　权力分享与权力下放

　　"权力"，在古代汉语中，主要指权位和权势，比如柳宗元《柳州司马孟公墓志铭》中说："法制明具，权力无能移。"比如《汉书·游侠传》中说："与中书令石显相善，亦得显权力，门车常接毂。"在现代汉语中，

"权力"则为：政治上的强制力量和职责范围之内的支配力量。

学校是培养人才的摇篮，是为学子的成长和未来事业奠定良好品德及文化科学知识的第一基础阵地。作为学校内部氛围，它基本上也是一个独立而封闭的小社会。校长是这个小社会里的最高领导者，校长是学校的影子，是学校之魂。校长的素质和创造性劳动，决定学校的发展和风貌。他的办学思想将引领学校的未来发展方向，为了更好地让学校按照自己的办学思想前进，很多校长在带领学校前行的同时，事必躬亲，大事小事一起抓，提升了学校的决策效果，简化了办事流程，让学校能够更轻更快地向着既定的目标发展。

在规模不大的学校，校长通过个人之力可以撑起一所学校的发展，随着学校规模的不断扩大，随着行政事务的不断增多，随着教育教学方式方法的不断更新，一个人的管理逐渐会出现诸多的弊端。

一是，降低决策的质量。在高度集权的组织中，随着组织规模的扩大，组织的最高管理者远离基层，基层发生的问题经过层层请示汇报后再做决策，不但影响了决策的正确性，而且影响决策的及时性。各层级之间若出现的工作原因未能及时处理或上报，那么问题不能得到及时解决，出现的问题也会成为一线工作中的难点。权力不是官威，不能作为一家之言，权力是一个团队的领头人在最后关头的方向把控和路线的引领，但在决策的过程中，要适当地将权力分享以及下放，简单的问题可以在萌芽状态中解决，稍微棘手的问题，可以在及时的沟通探讨中处理好，让管理在第一时间发挥应有的作用。

二是，降低组织的适应能力。处在动态环境中的组织必须根据环境中各种因素的变化不断进行调整。过度的集权组织，可能使各个部门失去自我适应能力和自我调整的能力，从而削弱组织整体的应变能力。

三是，不利于调动下属积极性。由于实行高度集权，几乎所有的决策权都集中在最高管理层，结果使中下层管理者变成了纯粹的执行者，他们没有任何的决策权、发言权和自主权。长此以往，他们的积极性、创造性和主动性会被磨灭，工作热情消失，并且会减弱其对组织关心的程度。

四是，阻碍信息交流。在高度集权的组织里，由于决策层即最高管理层与中下层的执行单位之间存在多级管理层次，信息传输路线长，经过环节多，因而信息的交流比较困难，使下情难以上达。

怎样可以有效提升中层干部的工作心态和工作能力？给予他们应有的解决事务的权力，是调动中层干部积极参与到学校管理的有效方法。通过事务的管理，让中层干部积极主动地融入工作中。

一是，充分信任并授权管理团队，发挥他们的技能和长处。尺有所短，寸有所长。每个人都有自己在业务、能力、性格上的短板与长板，校委会在下放工作权力时，要注意实事求是，根据学校的具体情况来向他们布置不同的工作任务。

二是，下放权力要把握适度原则。校委会在交付某项工作时，最好能适当地给予一些处理事务的权力。如果只交付工作，不授予权力，中层干部在处理工作时会始终认为自己只是一个办事员的身份，因而缺乏对工作该有的投入感和责任心。但是下放权力要适度，不能过宽过广，更不能完全交付，放任自流。在具体实施工作中，管理层还是有必要给予专业的指导和监督。如果教师在工作中出现了差池和错误，中层干部要发挥领导作用，指出错误并帮助其改正。当老师遇到的困难难以克服时，中层一定不能袖手旁观，要及时避免错误的出现。

三是，下放权力的同时，管理层还要对中层干部进行适当的培训和教育。并不是所有的中层都具备出色的管理能力，更不是所有的中层都会妥善、有效地行使权力。作为校长，要发挥一种榜样精神和带头作用，定期培养一些具有管理潜质的基层员工，教授基本的管理理念、介绍校园管理模式以及行使领导权力的注意事项等。总之，"授之以鱼，不如授之以渔"，领导者不仅要学会下放权力，更要懂得教授中层有效行使权力的方式方法，进一步促进教师这个团队更好地发展。

第二节　民主决策与民主监督

民主，从国家层面上讲，指人民所享有的参与国家事务和社会事务管理或对国事自由发表意见的权利，具体到一个单位，一所学校，指全体教职员工参与到学校建设和发展中或对校务发表自己想法的权利。每位教职员工都是这个团队的一分子，每个人都有为学校的发展建言献策的权利，每个人也都有为了学校的发展兢兢业业工作的义务。

民主决策机制主要是指用于规范学校管理层的决策行为，通过预定的程序、规则和方式，确保决策能广泛吸取各方意见、集中各方智慧、符合本地区实际、反映事物发展规律的制度设计和程序安排。它主要是由制度设计、程序设定、规则设立、机构设置有机构成的一个完整体系。从其含义来看，民主决策机制主要包括决策制度、决策规则、决策程序和决策机构四个要素。决策制度是民主决策机制的核心内容。民主决策机制大量的内容体现为制度形式，并通过制度来规范和保障这一机制的有效运行。作为要素的制度主要有调查研究制度、社情民意反映制度、重大事项社会公示和听证制度、专家咨询制度、民主集中制、决策失误责任追究制等。决策规则是民主决策机制的重要内容，是制度运作的相关规定和实施细则。

规则通过对决策的范围、主体、原则、纪律、方式、方法等做出具体规定，使制度得到进一步细化，为制度的具体化、操作化提供有力的支持。作为要素的规则主要有议事规则、表决规则、工作规则等。决策程序必须经过一系列相互衔接、环环相扣而又相互作用的环节和步骤。这些环节和步骤是民主决策机制必不可少的关节点，起着坚实的支点作用，哪个关节被省略、简化或颠倒，都将造成程序要素的不完整和缺失，最终导致机制功能的受损。作为要素的程序至少有六个前后相继的环节和步骤：发现问题、确定目标，深入调研、形成预案，咨询论证、综合评估，集体研究、会议决定，组织动员、决策实施，监督反馈、修正完善。决策机构是民主决策机制的载体，制度、规则、程序的要素都要依托机构这个载体才能运作，机构起着重要的支撑作用。

实行科学民主决策，要做到以下四个"必须坚持"：一是必须坚持扩大民主。不断拓宽民主渠道，切实落实教职工在决策中的知情权、参与权和建议权，更好地接受全体教职人员的监督。二是必须坚持依法决策。通过宪法、法律法规来规范和约束决策主体、决策行为、决策程序，实现决策于法有据，决策行为依法进行，决策违法依法追究责任。三是必须坚持按规则和程序决策。建立健全的决策机制，实现领导决策与群众参与、专家咨询相结合，集体决策与分工负责相结合，民主与集中相结合。四是坚持做到决策权责统一。决策权力有多大，就应该承担多大的责任，做到有权必有责、用权受监督、违法要追究。这些认识，既是以往实践的经验和体会，又是今后长期必须坚持的方针。

邓小平对民主监督的重要性做了多次强调。首先，他指出，"实行群众监督可以把群众的积极性调动起来"。只有把全体教职员工的积极性充分调动起来，学校的发展和壮大才会有更广泛的基础。其次，加强民主监督，有利于集思广益，正确决策。因此，对于我们党来说，更需要广泛听取来自各个方面的批评和监督，以利于集思广益，取长补短，克服缺点，自我完善。第三，建立和完善民主监督制度，可以防止特权和滋生腐败。特权主义和腐败分子，最害怕的是群众。凡是搞特权、特殊化，经过批评教育又不改的，教职员工就有权进行监督、要求他们积极整改，保证校园的风气从善如流，让教风清新。

民主监督要发挥出应有的作用，须完善机制，在知情环节、沟通环节、反馈环节上建立健全制度，畅通渠道，提高民主监督的质量和成效。

第三节　教育评价与绩效考核

教育评价是指在一定教育价值观的指导下，依据确立的教育目标，通过使用一定的技术和方法，对所实施的各种教育活动、教育过程和教育结果进行科学判定的过程。教育评价来源于古代学校对学生的学力检验，教育评价系统的理论和方法的形成来源于 20 世纪初兴起的一种以追求考查教育效果的客观性为目的的教育测验运动。

绩效考核是指考核主体对照工作目标和绩效标准，采用科学的考核方式，评定员工工作任务的完成情况、员工的工作职责履行程度和员工的发展情况，并且将评定结果反馈给员工的过程，绩效考核是一项系统工程，绩效考核是绩效管理过程中的一种手段。

一、教育评价

（一）评价的功能与意义

中共中央、国务院印发《中国教育现代化 2035》，在重点部署面向教育现代化战略任务时，提出："要构建教育质量评估检测机制，建立更加科学公正的考试评价制度，建立全过程、全方位人才培养质量反馈监控体系"，"推动社会参与教育治理常态化，建立健全社会参与学校管理和教育评价监管机制"。中央深改委 2020 年 6 月通过《深化新时代教育评价改革总体方案》，强调："要全面贯彻党的教育方针，坚持社会主义办学方向，落实立德树人根本任务，遵循教育规律，针对不同主题和不同学段、不同类型教育特点，改进结果评价，强化过程评价，探索增值评价，健全综合评价着力，破除唯分数、唯升学、唯文凭、唯论文、唯帽子的顽瘴痼疾，建立科学的符合时代要求的教育评价制度和机制"。深化基础教育学校评价改革，强化绩效评价机制，是促进学校优质发展，推动基础教育现代化的重要手段。

基础教育评价主要指向学校管理、学生成长、教师发展三个领域，常常聚焦于中小学办学评价、教学与课程评价、学生综合素质评价、招生考试与课业评价、教师评价等方面。下面针对基础教育三个领域的评价模式做主要分析。

1.三元评价模式

教师效能三元模式，是 2020 年台湾学者孙志麟提出来的。他认为，"教师效能应该从教师人格特质、教学行为及教学的价值观，三个指标去理解和评价记忆。对于教师的评价不能仅仅针对教师内涵的单一取向进行研究，而是应通过对教师人格特质、教学行为及教学思考与信念，整合的价值观三者之间的相互影响来进行综合考虑分析，教师对学生认知、情意和技能三种成就结果的影响"。[1]

2. 区分性教师效能评价模式

2003 年有国外学者提出了区分性教师评价模式。该模式合并了五个差异性维度，即课堂内外的教师活动、课程主题、学生背景因素、学生个人特征，文化和组织教学环境。他们认为，不同活动范畴内的教师效能，存在着差异性。[2] 现代化教育系统中教师的教学活动范围是非常宽泛的，包括社会教育、家庭教育、成人教育、道德教育，以及正式的学校教育等多种形式。

基于这种教师功能取样，我们可以从不同的活动范围定义教师的有效性行为的含义。同一教师在教授不同的学科内容时，表现出来的效能，存在着差异性。英国教育标准办公室关于小学教育效能的调查数据显示，某教师在讲授数学课程时，被评定为"杰出教学"，但当她在讲授历史和体育课程时，则被评为可以胜任，可见教师在不同学科教学中的效能是不同。第二，对于背景因素不同（如学习能力、年龄发展阶段、性别、社会经济地位和种族划分）的学生群体，教师为提升他们认知能力所体现出的效能是存在差异性的，例如某教师对有特殊教育需要的学生进行的教育可能是非常有效的，但是对于学习能力较高的学生显示出了较低的效能。第三，

---

① 孙志麟.教师效能——三元模式的建构与应用［J］.教育研究月刊，2002（104）：44-55.

② 卢谢峰，韩立敏.教师效能的多重模型及其对研究的启示［J］.外国中小学教育.2004（11）：28-32.

对于个性特征不同的学生，全体教师为提升他们的学习成就所体现出来的效能，也是存在差异性的。对于不同组织文化环境中的教师，也存在着差异性。区分性教师评价模式，能很好地反映出学校背景与教师效能的相互关系。

3.多重评价模型

基于教育环境的复杂多变和教师角色的多重性特征，2004年，卢谢峰等学者提出了七个模型来理解和评价教师，即目标和任务模式、资源利用模式、工作过程模式、学校赞助者满意度模式、责任制模式问题，问题缺失模式和继续学习模式，总称为教师多重评价模式。

4.增值评价模式

增值评价法在英美等国家盛行。这是一种形成性评价，它注重的不是最终的教育结果，而是教育过程中的教师努力程度和学生进步情况。评价者要以动态的视觉看待教师的教学效能，并通过学生的进步情况评估出教师工作的净增值，以此来考察教师的高低，进而改进教师的教学。

目前增值评价法仍然是测量教师效能的手段之一，华盛顿大学教授哈里斯将政治评价区分为两种：一种是程序化增值评价模式，主要用来评价教师特性的效能和相关性，如他们的学历、品格、专业发展。通过这一模式，哈里斯发现大多数教师的学历与其增值的相关性不大。而教师的教育学知识、教学经验及各种教师资格认证，与教师效能相关。另一种是智能化增值评价模式。他通过衡量学生在标准化考试的分数来确定每个教师的效能。

（二）评价教师的主要模式

教师作为一种特殊职业其角色的多元性特征，决定了教师的研究是多层面的。目前国内外学者对教师有效性行为的评价方法等方面做了大量研究，并从不同角度提出了评价教师的各种模式，这种模式各有其优缺点。现梳理国内外学者关于教师评价的主要模式，有利于研究者进一步关注教师评价，解决教师评价方法上的局限性的问题，真正成为促进教师发展和提高教育质量的推进器。

（三）评价的方法与手段

在评价中体现多主体评价模式主要有以下几方面内容。

（1）领导评价。领导评价是一种自上而下的评价，它一般指由校长或学校上级领导班子实施的评价，具有较大的权威性。主要由学校领导通过听课、检查教案和学生的学习作业、召开师生座谈会等形式了解教师的教学质量并做出评定。在领导评定的过程中，要遵循一个原则，即评价要实事求是、公平、公正，不能凭主观印象，否则将会打击教师教学的积极性，影响教学质量的提高。

（2）学生评价。学生评价是一种比较民主的形式，主要有问卷调查与座谈会两种形式，它主要是通过考查学生对教师教学的意见，来评定教师的教学态度、教学技巧、表达能力、教学组织能力以及沟通与协调师生关系的能力。这种评价在一定程度上能够为教师教学的改进提供一定的反馈意见，但是有时也与实际情况有一定出入。一般研究表明，学生评价是可靠的，但并非所有的评价都有助于教学改进，而且学生评价受到班组大小、课程学科类型、教师教龄等因素的影响，往往产生偏差。因此，学生评定应与其他评定相结合。

（3）同行评价。同行评价是指由教研室或学校其他的老师对某教师的教学做出评定，这种评定的优势在于参与评定的教师相互之间比较了解，对本学科的教学目标、意图、内容、方法以及师生的具体情况比较熟悉。因此，做出的评定比较符合实际，同时也有利于教师之间的相互学习、相互交流，提高教师的整体水平。同行评价一般采取教案诊断和课堂听课的形式进行。教案诊断就是从教法的角度出发，通过考察教师准备的教案目标是否清晰具体、内容是否得当、重点难点是否突出等，分析并提出建议。课堂听课是指学校组织同学科教师互相听课，在现场观察的基础上，按一定的指标对教师课堂教学进行评分。

与学生评价重点在教学态度、教学技巧方面不同，同行评价更注重教师对本学科内容的掌握程度以及教学任务的完成情况等，一般而言，在教师教学质量评价方面，同行评价最具权威，也最能提出中肯的意见，但是如果组织不当，这种评价也容易流于形式。比如领导、专家一起评，会影响教师真实意见的表述，而如果人员太多，意见又往往过于分散、缺乏重点。此外，还有一些其他个人因素，也可能影响同行评价的真实性，这些都是我们在组织同行评价时应注意的问题。

（4）教师自评。教师对自身的教学活动进行评定，这也是教学评定的主要途径。教师自评意味着对教师的尊重和信任，有助于增强教师的主人翁意识，鼓励教师积极参与评价过程，提高教师评价的有效性和可靠度，使评价成为教师自我改进、自我教育的过程。

教师自评一般是通过三种方式进行的：一是根据别人对自己的评价来评价自己；二是通过与他人的比较来评价自己；三是通过自我分析、自我反思来评价自己。通常来说最常用、较有效的方法是写"教历"。教师可以用教历的形式记载教学工作的进程，同时记下过程中的所思所想，进行总结、反思、改进。教师自我评价有时会有夸大自己、评级较高的现象，但从总体上来说，教师能够做到客观地评价和分析自己的工作情况，并做出改进和完善的决策。

（5）专家评价。在中小学中，专家评价往往是学校教师评价中的一种补充方式。它主要是通过聘请一些知名的教育专家到学校听课，在此基础上，对教师的教学进行诊断性评价，帮助教师发现问题，提高教学质量。专家评价一般比较客观和专业，往往能开阔教师视野，更准确地对教师的教学做出判断。实践证明，专家评价有助于校内教师形成新的教学风格。

（四）评价目的应以激励和改进为主

教师评价指标体系的建立，首先需要弄清评价所得的结果使用取向。这对于建立科学实用的评价指标体系至关重要，传统意义上的教师评价作为教师消极的被测，结果也都用于教师的奖惩，使得评价结果对于教师专业发展，并没有实际的推动意义，降低了评价的价值。教师评价的目的，应该注重教师的自我发展和提高，以激励教师和改进教学为主。从上述表述可以看出，教师的评价是针对教师这一特定角色，在其影响范畴下所产生的效果做出评价。教师的有效性行为高低，有效或无效是相对而言的。教师间的比较，主要用于建立教师们积极进取，而教师个体的比较，只反馈给教师用于自身评价，是有效引导评价标准、评价内容、评价方法的选择和使用。

（五）评价标准应考虑差异性

教师的有效性行为受到很多因素的影响，包括学校、组织、文化、学校所在地区资源、教师培训等因素，学生能力、学生背景等学生因素，教师素养、教师教学表现等教师个人因素以及教育政策法规，社区文化、家长的配合度等政府和社会的因素。这些因素的影响，决定了教师测量的复杂性和可变性。不同环境影响下的教师有效性行为是不同的，因此对于教师的评价要因目的和条件而异，对于评价结果的使用也要得当。对教师进行评价时，应根据教师所在学科的具体特点及所处职位要求进行不同维度的评价体系设计。同时在整体的评价体系中，评价者也应该运用区分性原则，如教师的有效性行为，包括教师对学生、学校及自身的效能，这种分类，我们可以设计一些子体系评价。根据不同的评价维度选择不同的评价方式，加大与评价维度相关度高的指标权重。

（六）评价方法应加入增值评价

增值评价是一种发展性的形成性评价，它注重的不是最终的教育结果，而是教育过程中的学生进步情况，并通过测定学生的进步情况选择有效的教学方法，从而改进学校和教师的教育教学。增值评价法的纳入使评价方法得到进步，以过程评价的理念指导评价的实施，使教师及学生的初始水平得到重视。评价结果，以阶段性进步或退步的形式反馈给教师，有利于教师及时发现问题并解决问题，更有利于教师改进教学方法，从而有效地进行新一轮的教学活动。另外，在教学评价中加入增值评价的结果，还能够更公平更公正地判断出教师的阶段性成就，并给予肯定，从而增加教师的自我成就感，提高教师的工作积极性。

（七）数据收集应确保可靠性

研究数据的准确性与可靠性直接影响评价结果的有效性，因此数据的选择和收集需要严格规范。首先教师评价的数据收集需要时间上的保证。教师的评价需要收集大量数据，包括学校、教师及学生等各方面的质性和量化的资料，尤其对于一些难以预测量的情感、态度等数据的收集更加需要经过较长时间的跟踪调查和记录才能使得资料具有持续稳定性，不会因为偶然性数据影响，最终评价结果的可靠性。其次教师评价的数据收集需要空间上的保证。关于教师评价的研究复杂而多变，影响因素涉及校内外多个层面需要细致筛选有效数据。

二、绩效考核的制定

（一）考核的原则

近年来，联升小学重点加强文化建设，并用"联升文化"来凝聚教师队伍。以争做诚善进取、睿智尚美的联升人为引领，从目标、情感、榜样、待遇四个方面着手增强教师的凝聚力，逐渐形成"崇尚一流，追求卓越"的教师文化精神和创业者的价值观。结合了联升小学"崇和悦上"的办学理念，"厚德博学，和雅悦教"的教风，并制定了系统的考核标准。标准原则有以下几个方面。

（1）公开性原则。考核标准是公开的、制度化的。

（2）客观性原则。用事实说话，避免主观武断、缺乏事实依据。

（3）反馈的原则。考核结果要反馈给被考核者，同理听取被考核者对考核结果的意见，对考核结果存在的问题应及时修正，做出合理解释。

（4）公私分明原则。绩效考核是针对工作业绩进行的考核绩效。考核应就事论事，而不可将与无关的因素带入考核工作。

（5）时效性原则绩效。绩效考核是对考核期内工作成果的综合评价。不应将本学期之前的行为强加于本次的考核结果中，也不能片面地按照近期的工作比较突出的一两个成果来代替整个考核期的绩效。

（二）考核内容

教学是学校的中心工作，是学校培养人才、实施学生全面发展的基本途径，教学工作的好坏，关系到整个教育质量的高低，关系到所培养人才的素质，是深化教育改革，提高教育质量的根本保证，为了进一步规范学校的教学工作，实施全方位的目标管理。但做民办学校并不是只有教学管理，应当涉及方方面面，比如安全、后勤处等，基于这种情况特制定《联升小学教职工考核细则》用于日常管理工作。同时针对学生的培养方向与目标，制定了"和美学生"评价体系。

1. 教职工考核办法

（1）工作量化奖金每人每月1 200元，在当月工资中发放，按评分细则进行评定级别。每月被扣分数在10分以下（包含10分）者，发放全额量化奖金；每月被扣分数在11 ~ 20分之间（包含20分）者，发放量化奖金700元；每月被扣分数在21 ~ 30分之间（包含30分）者，发放量化奖金600元；每月被扣分数在31 ~ 40分之间（包含40分）者，发放量化奖金500元；每月被扣分数在41 ~ 50分之间（包含50分）者，发放量化奖金400元；如每月被扣分数大于50分者，量化奖金为0。

（2）学校行政人员平时根据自己所分管的工作，按照评分细则检查落实并做好记录，值日行政当天要全面检查落实并在校务日志上做好记录。

（3）各主任每周向校长室上报一份工作量化评价记载表，由校长室统计，在发放工资前，将统计表交到财务室。

2. 教师考核评价内容

（1）教师品德修养有以下内容。

①拒绝接受工作安排或动辄讲条件，要报酬，待价而沽，每次扣20分；不按时、按规定完成学校分配的各项任务，每次扣3分，且要在重新限定时间内完成，否则每次扣5分，如因此而对学校造成负面影响或

严重后果，视其情节轻重扣分，并追究其相关责任。

②全体教职工必须准时参加各种会议或集体活动，迟到一次扣2分，请假一次扣3分（因公请假或因病请假除外，请假要履行请假手续，否则视为无效），不请假缺席一次扣10分，电话响铃一次扣2分；参加各种会议不认真，做与会议无关的事情，扣5分。

③不及时上交或领取各种材料、物品的，每次扣3分；要求上交的材料不合要求的扣2分，并要按要求重做，直到符合要求为止；拒交每次扣10分。

④班主任要关心学生的生活、安全和健康，重视学生出勤情况，发现有不正常现象，要及时妥善处理，否则每次扣10分，因此引起家长投诉，经查班主任确实负有责任的，每次扣20分，如造成严重后果的，除按情节轻重扣分外，要承担其他相应责任；没按要求公布出勤情况，或者没登记未到校情况的，每次扣2分。

⑤已来校就读的学生因教师排挤流失的，每生扣该责任教师20分，并追究相关责任。

⑥有偷窃行为，经查证属实的，按其偷窃物品价值进行赔偿，并即时解聘，不予结算工资和奖金，情节严重的移交公安机关处理。

⑦有参与买（地下）六合彩等赌博行为，并因此而影响到学校工作的，经查证属实，每发现一次扣50分。

⑧闹不团结，有争吵、谩骂行为，无论有无道理，每次每人扣20分；造成严重伤害事故的，即时解聘并移交公安机关处理。

⑨在校内拉帮结派，非议他人，顶撞学校领导者，每次扣20分。

⑩看到有损学校利益行为袖手旁观或避开者，视其情节轻重每次扣

5～20分。

⑪不经学校允许，巧列名目向学生收取费用，除如数退还外，按其情节轻重扣20～60分。

⑫部门管理负责人检查不及时或监管不力、不作为，与教职工同等扣分；无原则、送人情或工作中有弄虚作假行为的，每次扣20分。

⑬所有教师无论在课上还是课余严禁体罚与变相体罚学生，不准挖苦、讽刺学生，不准侮辱学生人格，否则校内发现，每人次扣5分；遭到家长投诉，调查属实，每人次扣20分，且所有涉及的经济损失由该教师本人承担，如产生严重后果的一切责任自负且即时解聘。

⑭早晨打卡后至下午5：30前非特殊情况不能进入宿舍（午休除外），如发现在宿舍睡觉者，每发现一次扣15分。

⑮严禁带异性学生进入宿舍，每发现一次扣该教师20分，且追究其相关责任。平时工作生活中，注意与异性学生之间的交往距离，否则如引起学生或家长投诉，经调查属实视情节轻重扣相关教师每次15～60分，如造成恶劣影响的即时解聘并移交司法机关处理。

⑯每位教师应注意节约用水用电。教室人走要关电扇、电灯，否则视情节轻重扣相关教师2～20分，扣该班班主任1～10分。办公室做到人走灯熄，关风扇、空调和饮水机电源，否则视情节轻重扣相关责任人每次2～20分，如无法证实责任人，则扣相应的受益教师2～20分。

⑰每位教师要保持办公桌面清洁整齐，发现有脏、乱等现象扣该教师每次1分，并及时整理。

⑱办公室内不准乱贴、乱画，否则查实后扣相应的责任教师每次1分，并负责清理干净。

⑲教职工不爱惜公物，试其情节轻重扣 2 ～ 10 分，损坏要照价赔偿。

⑳全体教师上班时间要求仪容端庄、着装得体，不准穿拖鞋，不准化浓妆，不准穿超短裙，否则发现一次扣 2 分；集体活动时间必须按要求统一着装，否则每次扣 5 分（特殊情况除外）。

㉑不准将个人情绪带到教育、教学工作中，擅自停课或负气走出教室，每次扣 15 分。

㉒班主任或值日老师私自更改或强迫值日学生更改值日记录的，值日教师利用值日采取报复行为，不公平对待、乱记录、少记录或无值日记录，指使值日学生扣他班分数的，每发现 1 次扣该班主任或值日教师 20 分。

㉓上班时间不准在办公室内打牌、下棋、吵闹，不准无事串办公室闲聊，否则扣相关教师 5 分；不允许坐在办公桌上或把腿摆至办公桌上，否则发现 1 次扣 2 分。

（2）教师教学教研考核办法包括以下内容。

①备好课是上好课的前提，要求所有科目都要备课。检查以推门听课、随堂检查的方式进行，无备课每节扣 5 分。

②家庭作业语、数科每天布置 1 次，每周 5 次，英语科一、二年级不做要求，三至六年级每周不少于 4 次，所有家庭作业都必须全批全改，每少做一次扣 3 分，缺改 1 次扣 2 分，依次类推。作业要精心安排，求质不求量，按正常做题速度，一、二年级作业时间控制在 30 分钟以内，三至六年级作业时间控制在 1 小时以内，否则因此引起家长投诉，每次扣 10 分。

③美术作业每周完成 1 次，否则每少做一次扣 3 分；大作文每学期不少于 8 篇，要求全批全改，每少一篇扣 10 分，少批 1 次扣 5 分。

④请他人（非教师）批改作业或试卷，或只批改部分学生的作业或试卷，每查实一次扣10分，如有家长因此投诉，扣20分。

⑤检查时由检查人员随机抽取一个班的作业作为统计依据，如发现有1次不配合的，扣10分。

⑥备课、作业的检查采取科组长普查和学校行政抽查相结合。如果学校行政抽查结果比科组长差的，以学校行政抽查结果为依据，如果发现科组长弄虚作假的，每次扣20分，并取消其当月职务补贴。

⑦全体教师每人每月听课2次，全期8次，并做好听课记录，每少听1次扣2分，听课记录本每月检查1次。

⑧按时举行单元测试，所有单元测试卷必须与家长见面，如因科任教师原因引起家长投诉，经查证属实每次扣该科任教师5分。单元成绩统计要求一式二份，一份自己跟踪调查，一份上交给科组长查阅，然后统一上交到教导处。每少举行1次扣10分，少改1人次扣1分。

⑨全体教师严格按教导处的要求，对所有作业、各类测试卷进行认真、详细地批改，绝不能马虎应付，如有家长投诉错改现象的，经学校查证属实，每错改一题一人扣1分，依次类推。

⑩全体教师必须准时到岗上课（特殊情况除外），空课1节扣20分（上课铃响超过5分钟不到班者视为旷课）；迟到、提前下课、中途离开教室、拖堂严重、坐着讲课、上课抽烟、接（打）手机、上网浏览网页或看其他与教学无关的书报等，每发现1次扣5分（特殊情况除外）；如有急事临时不能上课者，必须提前向主管领导请假，对未请假者除按旷工计算外，另每次扣量化15分；如未经教导处允许私自进行永久性调课的，每发现一次扣5分且改正，不经教导处允许而不按课表上课，或随意将课表课程

改为自习者，每次扣 15 分。

⑪全体教师必须向 40 分钟课堂要质量，严格抓好学生的课堂纪律，在检查中如发现课堂纪律混乱，每次扣该上课教师 15 分；班上学生打瞌睡发现 1 人次扣该任课教师 1 分（特殊情况和学前班除外）；如教师在课堂上打瞌睡，每发现 1 次扣该责任教师 20 分。

⑫全体教师每节课（含第二课堂）前 2 分钟必须对各班级实行点名签到手续，否则每查实 1 节没按要求实施的，扣 2 分；如因不点名而致使学生去向不明者每人次扣 15 分；如造成严重后果，将追究当堂上课教师责任。

⑬眼保健操由第五节课的任课教师组织，如果有学生出课室或没做眼保健操，每次扣该任课教师 2 分。

⑭全体教师必须按教导处和科组长的通知要求，按时参加学校举行的各种教研活动，迟到、早退每次扣 2 分，请假每次扣 3 分，不发言每次扣 1 分，无请假不参加每次扣 10 分，不接受教研任务每次扣 20 分。

⑮全体教师必须按规定的时间打卡上班，迟到或早退 1 次扣 2 分，如漏打卡必须向值日行政说明原因，否则扣每次 3 分。（注：非班主任每天打卡 3 次，班主任每天打卡 2 次。跟车老师早上 6：30 前打卡，值日教师早上 7：00 前打卡，其他教师早 7：30 分前打卡，下午统一 5：30 之后打卡，早上延后 1 分钟或者下午提前 1 分钟视为迟到和早退，早上延后 5 分钟或者下午提前 5 分钟视为旷工一次）。

⑯全体班主任必须按教导处的要求认真做好学生家庭联系手册的检查和登记签名工作，否则每人次扣 1 分，造成家长投诉者每人次扣 2 分；撰写好每学期的学生评语（杜绝打印剪贴），评语内容一定要切合实际，字迹清晰工整，杜绝错别字和病句，否则每人次扣 2 分。

⑰大课间、大型集会、仪式等集体活动时间，要求所有教师准时到场，否则每次迟到扣2分，请假扣3分，无请假不到场者每次扣10分（升旗仪式迟到、请假每次扣5分，无请假不到场者每次扣15分，特殊情况除外）。班级列队不整齐、喧哗、纪律涣散、吵闹现象严重的，扣该班主任5分（安排有协管教师的，出现上述问题协管教师与班主任同等扣分）。

⑱每天中午，班主任必须组织学生及时打扫好教室内外的卫生，并按时午休，午休开始10分钟后，班上仍有人在室外逗留或仍未完成卫生工作的，每次扣班主任2分。

⑲周五下午6:30前上交流动红旗，不按时上交的每次扣1分，另取消该班主任本次的文明班津贴。

⑳"潜能生"帮扶效果在规定时间内未达到预定目标，扣该班主任每人次5分。

㉑所担任的学科教学或所任班主任的班级学生不约而同有5位家长以上要求调班或更换老师，视其情况扣30～60分，且予以解聘。

㉒学生上课三姿不符合要求视而不见，学生唱读或一字一顿读不予矫正，发现一次扣该责任教师2分。

㉓留堂或拖堂引起家长投诉，并经查证属实扣10～20分，严重后果自负。

（3）教师安全、服务考核办法包括以下内容。

①跟车教师早上提前2分钟到位跟车，下午第七节下课铃响后应及时到指定学生候车处组织学生有序上车，到位时间不能超过5分钟，否则一次扣2分。

②跟车教师有急事不能跟车者，必须提前向主管领导请假，每天按上

午、下午两次计算（单列计算）；对未请假者除按旷工计算外，另每次扣量化15分，如因此发生安全事故，该教师要承担相应的责任。

③跟车教师对上下车的学生要认真检查校卡，核对乘车车号、站点。对错放学生下车者，每次扣20～60分，如造成严重后果将另行处理（所造成的费用由跟车老师负责）。

④学生上下车时，跟车教师必须先下车，如有未下车者，每次扣2分，如因此引起家长或学生投诉的，每次扣15分。对小的学生，必须扶其上下车，对须过马路的学生一定要护送过马路，不按要求送学生所造成的后果跟车老师除负全部责任外，另扣量化20～60分。

⑤接送学生时要态度和蔼有耐心，如态度恶劣、接送不认真，有打学生、恐吓学生或与家长发生争吵者，经查证属实每次扣20分。

⑥接学生时，漏接学生，也不打电话或不采取其他有效措施的，家长投诉学校，经查证属实，扣该跟车教师每人次15分，若另派校车接送，所产生费用由该跟车教师个人承担。

⑦送学生时，要及时清点本车学生上车情况，发现问题及时处理，否则漏送学生扣该跟车老师每人次15分，若另派校车接送，所产生费用由该跟车教师个人承担。

⑧跟车教师对于家长来接送点接送的孩子，要认清接送人，不见家长或不认识的家长接送要及时电话沟通，严禁随意托付他人或直接把孩子放下，否则视其情节轻重扣责任教师每人次15～60分，并承担其他相关责任。

⑨跟车教师要管理好本车学生纪律，如因管理不力造成的事故，视其情节轻重扣该教师5～60分，并承担其他相关责任。

⑩跟车教师在接送过程中要时刻保持手机畅通（手机信号不好除外），

否则因此影响接送或其他工作的扣相关教师每次5分。

⑪下午放学时，乘车学生要列队由班主任送到候车处，否则扣该班班主任每次2分，拖堂的教师耽误学生乘车，扣该任课教师每学生2分，扣该班主任每学生1分，且另送学生所产生的费用由该拖堂教师承担。

⑫认真执行学校安排的线路接送，对不到点接送的扣相关人员每次5分；若需改变线路，须向主管领导报备，对不服从安排者每次扣20分。

⑬学生候车处的监管教师须看管好纪律，如不作为致使队伍混乱、学生跑闹现象严重的，每次扣该教师5分，有学生打架或发生安全事故的，视情节轻重每次扣该教师10～60分，并承担其他相关责任。

⑭值日教师必须准时到岗值班，迟到或早退每次扣责任人2分（3分钟以内为迟到，超过3分钟视为缺岗，每次扣15分），如因值日教师监管不力造成的安全事故，视情节轻重每次扣该教师5～60分，并承担相应责任；不服从值日行政，值日组长的安排，不按要求完成值日组长安排的任务，每次扣20分。

⑮值日教师在值日期间不作为，每次扣5分；工作敷衍，巡查发现安全隐患或安全事故不及时处理和报告的，每次视情节轻重扣10～30分。

⑯上课发生偶发事件致学生受伤，必须在第一时间妥善处理且汇报主管领导，否则视情节轻重每次扣10～30分；如因教师失职致使学生受伤，视情节轻重扣该责任教师10～60分，并承担相应的医药费用，情节特别严重的即时解聘，并移交司法机关处理。

⑰班主任午休期间擅离职守，班级学生大声喧哗、追跑打闹，影响他班正常作息的，每次视情节轻重扣该班主任1～5分；若发生学生打架斗

殴事件，每次扣该班主任 15 分；如出现严重后果的，除执行量化扣分外其他一切责任自负。

⑱对学生不在学校允许的时间出校的，视情节轻重扣该生所在班级班主任、当时值日教师和门卫各 15 ~ 60 分，并承担其他相关责任。

⑲下午放学或节假日，班主任要锁好本班门窗，关闭班内电源，否则不关电源每次扣 5 分，不锁门每次扣 15 分，窗户做到下班关窗上班开窗（除天井内的所有后窗），否则扣该班班主任每次 2 分，如公物丢失或其他损失由责任人照价赔偿。

⑳每月电访率要达到 100%（信息沟通计入内），月底统计，每少一人次扣 1 分；新生家访率要达到 100%，老生家访率不低于 60%，每学期最后一个月统计，每少一人次扣 1 分。家访登记表回收上交率要求达到100%，发现有弄虚作假的，每人次扣 5 分，另扣当月电话补贴。

3. 学生评价内容

学校以培养"诚善进取、睿智尚美的联升人"为核心，根据小学生身心发展阶段，从学生的人文性发展目标（良好行为习惯等）、学科性发展目标，分别制定了低段、中段、高段的"和美学生"评价体系表。

为提高学生的全面发展，我校每学期设立了"艺体之星""科技之星""劳动之星"，以此鼓励学生全面发展、综合发展，促使素质教育的提升。

表4-1　联升小学"和美学生"综合素质评价体系（低年级）

小学生人文性发展目标（低年级）					
一级目标	二级目标	评价标准			
		A（优秀）	B（良好）	C（合格）	D（不合格）
和美学生	养成习惯	1.举止文明的习惯	（1）热爱祖国，升国旗奏国歌时自觉肃立 （2）见到老师、客人主动问好。尊重同学，不给同学起绰号 （3）不打架，不骂人，公共场所不喧哗 （4）集合做到"快、静、齐"，观看比赛文明喝彩	（1）热爱祖国，升国旗奏国歌时自觉肃立 （2）见到老师、客人主动问好。尊重同学，不给同学起绰号 （3）不打架，不骂人，公共场所不喧哗 （4）集合有时会做到"快、静、齐"	（1）热爱祖国，升国旗奏国歌时自觉肃立 （2）见到老师、客人主动问好。尊重同学，不给同学起绰号 （3）不打架，不骂人，公共场所不喧哗 （4）集合有时会做到"快、静、齐"。	（1）热爱祖国，升国旗奏国歌时自觉肃立 （2）见到老师、客人不主动问好，给同学起绰号 （3）公共场所喧哗 （4）集合时不能做到"快、静、齐"
		2.诚实守信的习惯	（1）诚实守信，说了就要努力去做 （2）借了别人的东西要按期归还，说话要算话，未经允许，别人的东西不乱动	（1）诚实守信，说了就要努力去做 （2）借了别人的东西没有按期归还，未经允许，别人的东西不乱动	借了别人的东西没有按期归还，未经允许，别人的东西不乱动	没有诚实守信习惯，偶尔随意拿别人东西
		3.守时惜时的习惯	（1）晚上按时睡觉，早上按时起床 （2）放学后按时回家，不在马路上溜达玩耍	（1）晚上基本按时睡觉，早上按时起床 （2）放学后基本按时回家，一般不在马路上溜达玩耍	（1）晚上被父母催着睡觉，早上基本能听到父母叫后起床 （2）放学后基本按时回家，偶有在马路上溜达玩耍现象	没有守时惜时习惯，过分贪玩

续表

小学生人文性发展目标（低年级）					
一级目标	二级目标	评价标准			
		A（优秀）	B（良好）	C（合格）	D（不合格）
和美学生	养成习惯	4.讲究卫生的习惯	（1）勤洗澡洗头，勤剪指甲，睡前刷牙、洗脸，身体无异味 （2）饭前便后洗手 （3）爱护环境，不随地吐痰，不乱扔杂物。见到废纸等垃圾物要主动捡起放到果皮箱里 （4）不在墙壁上乱写、乱画、乱贴、乱挂 （5）值日生认真做值日，保持教室、校园整洁、有序	（1）勤洗澡洗头，勤剪指甲，睡前刷牙、洗脸，身体无异味 （2）饭前便后洗手 （3）爱护环境，不随地吐痰，不乱扔杂物 （4）不在墙壁上乱写、乱画、乱贴、乱挂 （5）值日生认真做值日，保持教室、校园整洁、有序	（1）勤洗澡洗头，勤剪指甲，睡前刷牙、洗脸，身体无异味 （2）饭前便后洗手 （3）值日不认真	不讲究卫生习惯
	运动与健康状况		（1）能坚持锻炼身体，积极参加体育活动 （2）有良好的身体素质，精力充沛，不受疾病困扰	有良好的身体素质，精力充沛，不受疾病困扰	有良好的身体素质，但不爱锻炼	无所谓

表4-2　联升小学"和美学生"综合素质评价体系（中年级）

小学生人文性发展目标（中年级）						
一级目标	二级目标	三级目标	评价标准			
			A（优秀）	B（良好）	C（合格）	D（不合格）
和美学生	养成习惯	1.勤俭节约的习惯	（1）爱惜学习用品，不在课本上乱写乱画 （2）不随便向家长要钱，不乱花钱买零食、玩具等 （3）珍惜粮食，不挑食，不浪费饭菜 （4）节约用电、用水，做到人走灯灭，水龙头用后随时关紧开关 （5）有集体荣誉感	（1）爱惜学习用品，不在课本上乱写乱画 （2）不随便向家长要钱，不乱花钱买零食、玩具等 （3）珍惜粮食，不挑食，不浪费饭菜 （4）节约用电、用水，做到人走灯灭，水龙头用后随时关紧开关	（1）爱惜学习用品，不在课本上乱写乱画 （2）不随便向家长要钱，不乱花钱买零食、玩具等 （3）挑食，有时会浪费饭菜	没有养成勤俭节约的习惯

小学生人文性发展目标（中年级）						
一级目标	二级目标	三级目标	评价标准			
			A（优秀）	B（良好）	C（合格）	D（不合格）
和美学生	养成习惯	2.遵守秩序的习惯	（1）上下楼梯，轻声慢步，靠右边行 （2）上下学排路队，红灯停，绿灯行，不乱穿马路，不在马路上追跑打闹。过路口，注意避让车辆 （3）购物、上车时自觉排队，不插队，集会时按指定位置就座。在公共场合遵守纪律，不大声喧哗 （4）爱护学校、公园花草树木和公共设施，不乱踩绿地，不随手折花枝，不乱涂乱画	（1）上下楼梯，轻声慢步，靠右边行 （2）上下学排路队，红灯停，绿灯行，不乱穿马路，不在马路上追跑打闹。过路口，注意避让车辆 （3）爱护学校、公园花草树木和公共设施，不乱踩绿地，不随手折花枝，不乱涂乱画	（1）上下楼梯，轻声慢步，靠右边行 （2）上下学排路队，红灯停，绿灯行，不乱穿马路，不在马路上追跑打闹。过路口时，注意避让车辆 （3）对学校的公共设施保护意识不强	没有养成遵守秩序的习惯
		3.勤于动手的习惯	（1）自己的事情自己做，自己整理书包、收拾房间叠被褥，自己洗衣物 （2）利人利己，用过的东西放回原处	自己的事情自己做，自己整理书包	自己的事情需要家长和老师的督促才能完成	没有养成勤于动手的习惯

续表

小学生人文性发展目标（中年级）						
一级目标	二级目标	三级目标	评价标准			
			A（优秀）	B（良好）	C（合格）	D（不合格）
和美学生	养成习惯	4.锻炼身体的习惯	（1）积极参加集体活动和课内外文娱、体育、科技活动 （2）学习运动常识，做好自我保护 （3）在运动中要听从指导教师的安排，在活动中不做带有危险性的动作，不参加危险性较大的活动	（1）积极参加集体活动和课内外文娱、体育、科技活动 （2）在运动中要听从指导教师的安排，在活动中不做带有危险性的动作，不参加危险性较大的活动	（1）在运动中听从指导教师的安排 （2）在活动中不做带有危险性的动作，不参加危险性较大的活动	没有养成锻炼身体的习惯
		5.孝敬长辈	（1）体会父母、长辈的艰辛，主动给老人洗脚、捶背、夹菜等 （2）主动替父母干一些力所能及的家务活 （3）积极参加学校和家庭劳动，脏活累活抢着干	（1）体会父母、长辈的艰辛，主动捶背、夹菜等 （2）听安排后替父母干一些力所能及的家务活 （3）服从安排参加学校和家庭劳动，脏活累活能完成	（1）知道父母、长辈的艰辛 （2）替父母干一些力所能及的家务活 （3）参加学校和家庭劳动	太脏，太累的活，不愿意做
	运动与健康状况		1.能坚持锻炼身体，积极参加体育活动 2.有良好的身体素质，精力充沛，不受疾病困扰 3.有参加学校或校级以上体育活动获得成绩与奖励的证据	有良好的身体素质，精力充沛，不受疾病困扰	有良好的身体素质，但不爱锻炼	无所谓

表 4-3 联升小学"和美学生"综合素质评价体系（高年级）

一级目标	二级目标	三级目标	小学生科学性发展目标（高年级）			
			评价标准			
			A（优秀）	B（良好）	C（合格）	D（不合格）
和美学生	养成习惯	1.卫生习惯	有良好的个人卫生好习惯，生活能自理	有良好的个人卫生好习惯	需要有老师和家长的督促才能有良好的个人卫生好习惯	有不良的个人卫生习惯，如抽烟、喝酒等陋习
		2.安全意识	（1）遵守学校和社会公共秩序（2）离家离校要向家长或老师打招呼（3）有自我保护意识，不做危险动作	（1）遵守学校和社会公共秩序（2）离家离校要向家长或老师打招呼（3）有自我保护意识，不做危险动作	（1）有时会违反学校和社会公共秩序（2）离家离校向家长或老师打招呼（3）自我保护意识不强	（1）会违反学校和社会公共秩序（2）会出入一些娱乐场所，如KTV、网吧等（3）没有自我保护意识
		3.集体荣誉	（1）有主人翁意识和集体荣誉感，积极参加各项活动，为自己、班级和学校争取荣誉（2）积极争当各类积极分子。（学习、文体、劳动、雷锋等）（3）敢于斗争，遇到坏人坏事主动报告	（1）有主人翁意识，但集体荣誉感不强（2）有积极争当各类积极分子的意识（3）遇到坏人坏事主动报告	（1）主人翁意识和集体荣誉感不强（2）遇到坏人坏事主动报告	（1）没有主人翁意识和集体荣誉感（2）环境保护意识不强
		4.环保意识	（1）参加力所能及的家务劳动，做父母的好帮手（2）爱护环境，热爱生活	（1）参加力所能及的家务劳动（2）爱护环境，热爱生活	（1）参加力所能及的家务劳动（2）爱护环境，热爱生活	不做家务劳动
	运动与健康状况		（1）能坚持锻炼身体，积极参加体育活动（2）有良好的身体素质，精力充沛，不受疾病困扰。（3）有参加学校或校级以上体育活动获得成绩与奖励的证据	（1）能锻炼身体，参加体育活动（2）有良好的身体素质，精力充沛，无疾病困扰（3）有参加学校体育活动获得成绩与奖励的证据	（1）基本锻炼身体，偶有参加体育活动（2）身体素质一般，没有受疾病困扰（3）有参加学校或校级以上体育活动获得成绩与奖励的证据	（1）不能坚持锻炼身体，很少参加体育活动（2）身体素质较差，时有疾病困扰（3）没有参加学校体育活动获得成绩与奖励的证据

4.考核结果

我校每学期制定教师综合考核评分表。从"上""和""博""教""研"五个项目对教师进行评价。考核结果达到80分以上为"称职教师",在"称职教师"中优选出"和雅教师"。《教职工考核细则》的结果不仅影响教师每月量化奖金,还对每学年"和雅教师"的评比分值有影响。和雅教师将会是我校的优秀教师,可以获得镇级优秀教师参评。

"和美少年"是我校秉承办学宗旨、培养目标所设立的奖项。通过班主任、科任老师、家长、学生本人多元化评价,让每一位学生都能认识自己,有目标有方向。

第五章　社会参与

现代学校制度所涉及的关系，主要表现为学校的外部关系和内部关系。学校外部关系主要是学校与社会的关系，表现为社会参与。为促进教育发展，集合社会各方面力量共同办好学校的教育，力求通过共建社区活动，推动学校与社区的合作，学校与家长的协作，更好地优化学校育人环境，维护正常的教学秩序，构建和谐校园，打造良好的育人环境，共同建设安全学习型校园。

第一节　家校协作

家校协作（school-family partnerships）是指教育者与家长（和社区）共同承担儿童成长的责任，包括当好家长、相互交流、志愿服务、在家学习、参与决策和与社区合作等多种实践类型，是现代学校制度的组成部分。近年来国人对于教育的重视程度越来越高，家校协作的理念也深入人心。

小学生正处在人生发展的关键时期，影响他们成长的因素有很多，在这些因素中，家庭、学校、社会都是重要的因素。学生想要获得全面发展，就离不开学校与家庭的合力，家校合作才是促进学生良好发展的重要途径。在当前的核心要素背景下，家校协作更是提升学生综合素养的强力后盾。

一、家长委员会建设

（一）家委会的定义

家委会是"学校家长委员会"的简称。学校成立家长委员会的主要目的是加强全体家长与学校之间的联系与沟通，为家长与学校之间架起一道沟通的桥梁。

（二）建立家委会的背景

《国家中长期教育改革与发展规划纲要（2010—2020年）》提出，"充分发挥家庭教育在儿童少年成长过程中的重要作用。家长要树立正确的教育观念，掌握科学的教育方法，尊重子女的健康情趣，培养子女的良好习惯，加强与学校的沟通配合，共同减轻学生课业负担。"[1]

为贯彻落实《国家中长期教育改革与发展规划纲要（2010—2020年）》，推行现代学校制度建设，完善中小学幼儿园管理制度，教育部提出了建立中小学幼儿园家长委员会的意见，引导社区和有关专业人士参与学校管理与监督。[2]

---

① 覃学健.中小学家长委员会职能问题研究［D］.西南大学，2011：8.

② 林莹.学校家委会参与区域德育共建的实践与思考［J］.文学教育下半月，2016：178-179.

（三）建立家委会的意义

《教育部关于建立中小学幼儿园家长委员会的指导意见》明确指出，"中小学生和幼儿园儿童健康成长是学校教育和家庭教育的共同目标。建立家长委员会，对于发挥家长作用，促进家校合作，优化育人环境，建设现代学校制度，具有重要意义。"[①]

（四）建立家委会的宗旨

坚持全面发展的教育方针，加强家庭与学校之间的沟通，优化家庭教育氛围和环境，使学校、家庭、社会三位一体。团结全体家长，密切学校与家庭的联系，充分发挥家长对学校教育教学工作的参与和监督作用，促进少年儿童身心健康、素质全面发展。

（五）家委会建设标准

（1）家长委员会成员必须关心学校工作，重视后代培养，关心子女家庭教育。

（2）有比较丰富的家庭教育经验和重视家庭教育，具有良好的行为思想素养，时时处处为孩子做出表率。树立优良的家风，建立平等、和谐、美满的家庭关系，给孩子创造健康的成长环境。

（3）了解和关心教育，懂得一定的家庭教育知识，具有认真负责的教育态度，关心、支持学校发展和各项工作，能为学校的教育教学和日常管理给予恰当的意见和建议；能热心听取家长们所关注的问题，并向学校积极反映。

（4）具有某方面特长，能为学校开辟课外教育渠道提供帮助。

---

① 关于建立中小学幼儿园家长委员会的指导意见［Z］.教育部，2012.

（5）积极参加学校举行的各项家长学校的活动，出勤记录也成为家长委员会成员选聘条件。

（六）家长委员会的产生

（1）家长委员会成员由关心孩子成长、热心教育、支持学校或班级工作的在校学生家长组成。

（2）家长委员会成员代表各个层面的家长，由学校或班主任推荐候选人，经学校行政研究，征求个人意见后最终确定，并由学校发给聘书。

（3）班级家长委员会成员由班主任老师、任课老师和学生家长推举产生。

（4）每班设5～7名家长委员会成员，并设1名班级家长委员会主任。

（5）学校家长委员会管理成员由学校提出建议，从年级家长委员会中推举产生。

（6）学校家长委员会选出会长1名，副会长2名，理事若干名，负责各委员之间、委员会与学校之间的联络组织工作。

（7）家长委员会原则上一学年一调整。家长委员会每年为一届，可连任，学生毕业离校后自动卸任。

（七）家委会工作目标

（1）广泛搜集家长对学校的意见和要求，协助班级、年级和学校定期召开家长会议，交流家庭教育的情况和经验。

（2）通过参与学校的重大活动或组织听课等，关心、了解学校各项工作，对学校的教育教学质量、教师日常工作、行政管理工作等方面进行监督，提出恰当合理的意见，做出适当的评价。

（3）大力支持学校各项工作，对学校开展的重大教育、教学活动提供力所能及的支持与帮助，做好学校与广大家长的协调工作。

（4）配合学校用正确的教育观念和方法影响广大家长，使家庭、学校与社会教育目标一致，使学校与家庭的关系更为密切，教育的整合更为强力。

（5）每学期制订好家委会活动计划和小结，家委会活动的开展要有记录。每学期召开两次以上的工作会议，提出、研究拟订、完成学期工作计划，并于期末做出总结。

（八）家委会的权利和义务

（1）获知学校的发展规划、办学目标和工作计划的权利。

（2）学校的教育发展、教育教学和日常管理工作提出意见和合理化建议的权利。

（3）作为其他家长的代言人，对学校工作及教职员工给予监督和评议的权利。

（4）收集其他家长意见和建议，促进家校之间相互了解和交流，并向学校反馈的义务。

（5）义务参加学校组织的有关活动，主动支持学校的建设和事业发展。[1]

（6）帮助其他家长提高教育子女水平的义务。

---

① 文思睿.论家长委员会的法律地位［N］.江西青年职业学院学报，2015：73-75.

二、家长学校管理制度

（一）家长学校组织架构及部门分工

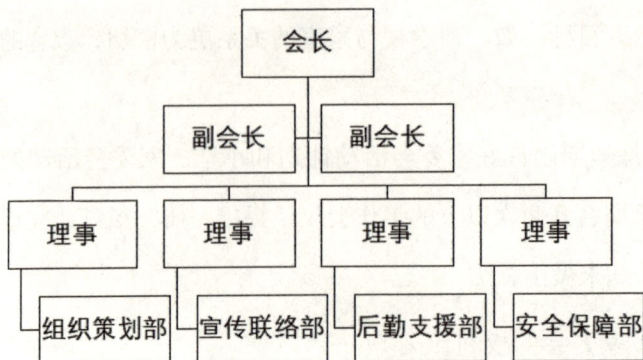

图 5-1 家长学校组织架构及部门分工

1.会长主要负责的工作

（1）负责学校家长委员会全面工作，制订家长委员会年度工作计划和总结。

（2）总体组织部门之间的关系，使家长委员会各项工作能正常进行。

2.副会长主要负责的工作

（1）协助会长落实家长委员会的各项工作。

（2）会长有事无法行使职责时，在会长的授权下代理会长职责。

（3）负责落实各项活动的策划、安排，做好校级家委会和班级家委会的联系工作。

3.理事主要负责的工作

在会长与副会长的领导下，代表学校家长委员会开展委员会的日常工作。

4.组织策划部主要负责的工作

（1）负责家长委员会各项活动的策划和组织工作。

（2）负责家长委员会大会和例会的各项准备工作。

（3）参与配合其他部门的工作。

5.宣传联络部主要负责的工作

（1）负责家长委员会各项活动（包括护岗）的宣传发动、总结工作，形成文字。将活动照片与文字总结打包交由学校负责人存档。（护岗每周总结一次）

（2）负责家长与校方的沟通与联络，接收并转达家长意见等。

（3）参与配合其他部门的工作。

6.后勤处保障部主要负责的工作

（1）参与配合其他部门的工作。

（2）负责各项活动的后勤处服务保障工作。

（3）负责会议或活动的物品管理、分配。

（4）负责家长委员会活动时的经费计划、收支管理工作，以及公布账目。

（二）家长学校教育教学管理制度

（1）加强家庭教育理论教学工作。注意发现教育改革及社会发展动态，及时将信息传输给每位家长。

（2）深入研究专业知识，特别是《教育学》《教育心理学》等方面的知识，向家长传授，提高思想认知水平。

（3）及时了解家长的思想及心理反应，加强沟通交流。

（4）定期对家长进行考核。

（5）授课形式：专题讲座、座谈、分层次学习、线上学习等，力求做到教学形式多样，内容丰富，使每个家长都有不同层次的收获。

（三）家长学校学员学习制度

为了全面加强学校管理，切实保证教学工作紧张、有序进行，努力提升家长学校的办学质量，特制订本制度。

（1）学员应是学生父母，按照学校要求，每学期完成2课时学习，带齐课本和手册，按时上课，不得无故缺席和迟到。

（2）全体学员应在签到时间内到上课地点，自觉复习上节课知识，做好上课前准备。

（3）凡因事、病不能上课者，须向正副班长（班主任、班级家委主任）处办理请假手续，经允许方能离开，不请假者做旷课处理。

（4）认真听课，上课时专心听讲，不交头接耳，不随便说笑，认真做好听课笔记，做好随堂记录，结合实际写一些心得体会。

（5）按时完成所布置的作业，字迹工整，不潦草。

（6）因事、病请假的学员，应在规定时间内到正副班长（班主任、班级家委主任）处办理销假手续。

（7）学员考勤由班主任老师具体负责，要建立、用好学员点名册，以备核查。

（8）学员无故考核者，不得参加优秀学员评比，不得颁发结业证书。

（9）学员考勤结果由德育处记入学员档案。

（四）家长学校学员评价体系

表 5-1 联升小学家长学员评价表

一级指标	二级指标	三级指标	评价细则			自我评价	孩子评价	教师评价	学校评定
和睿家长	家校沟通（35分）	与老师的沟通（20分）	经常积极主动向老师了解孩子的在校表现（5分）	偶尔主动向老师了解孩子的在校表现（3分）	从不主动向老师了解孩子在校的表现（0分）				
			经常积极主动向老师反映孩子在家的表现（5分）	偶尔主动向老师反映孩子在家的表现（3分）	从不主动向老师反映孩子在家的表现（0分）				
			能够大胆提出一些对孩子教育比较有益的想法、意见（6分）	有时候会在教育孩子方面表达一点不同的想法（4分）	没有任何想法、意见（0分）				
			热情接待老师的家访，并积极配合（4分）	有空余时间就接待（3分）	总是找借口推托，认为没有必要（1分）				
		与学校的沟通（10分）	主动关注学校的发展动态（2分）	偶尔关注学校的发展动态（1分）	从不关注学校的发展动态（0分）				
			熟悉联升学校的办学理念和宗旨（3分）	了解联升学校的办学理念和宗旨（2分）	不清楚联升学校的办学理念和宗旨（0分）				
			能主动将学校教育的优缺点及时向校领导反馈（3分）	只向学校反馈好的或者不好的（2分）	只要孩子没有什么问题，其他的事情就不闻不问（1分）				
			学校筹办开展活动时，能积极主动贡献一分力量（2分）	学校有邀请时会参与（1分）	借口推托（0分）				
		与其他家长的沟通（5分）	主动友好地通过微信、家访、电话等方式，与其他家长交流教育心得（5分）	被动地与其他家长交流（3分）	从不与其他家长交流（0分）				

续表

一级指标	二级指标	三级指标	评价细则			自我评价	孩子评价	教师评价	学校评定
和睿家长	与孩子的沟通（35分）	个人素养（8分）	具有正确的政治思想和高尚的道德品质（2分）	基本具有正确的政治思想和道德品质（1分）	不具备（0分）				
			具有较高的科学文化素质和一定的艺术修养（2分）	基本具有科学文化素质和艺术修养（1分）	不具备（0分）				
			具备健康、良好的心理素质，如：健康的情感、顽强的意志和正确的分析能力等（2分）	能较理智地处理生活中的事情，不会因为一点失败而灰心丧气（1分）	容易大喜大悲，看待问题片面（0分）				
			努力学习有关家庭教育的科学知识（2分）	偶尔会学习（1分）	从不（0分）				
		环境营造（2分）	家庭气氛融洽、和谐，没有吵闹（2分）	家庭气氛较融洽、和谐，偶尔有些许小吵小闹（1分）	经常吵闹（0分）				
		学习上的沟通（15分）	帮助孩子设置合适的奋斗目标，不宜过高也不宜过低（3分）	只要孩子在班级里属于中上或者优秀就可以（2分）	孩子的成绩务必进入前十名（1分）				
			帮助督促孩子执行学习计划，家长要检查（3分）	要求孩子执行学习计划，但家长较少检查（2分）	家长不过问，不予干涉（0分）				
			发现孩子的进步，及时地鼓励、表扬（3分）	孩子进步是应该的（2分）	无所谓（0分）				
			发现孩子退步或者厌学时，能耐心地引导和鼓励（3分）	发现孩子屡次退步，会失去耐心（2分）	无所谓（0分）				
			鼓励并引导孩子进行课外阅读（3分）	强制要求孩子进行课外阅读（2分）	无所谓（0分）				

一级指标	二级指标	三级指标	评价细则			自我评价	孩子评价	教师评价	学校评定
和睿家长	与孩子的沟通（35分）	思想品德上的沟通（10分）	让孩子多接触美好的事物，形成孩子善良的心理（3分）	只是告诉孩子要善良，不能循循善诱（2分）	只要孩子不打架、没有偷盗等恶习即可（1分）				
			培养孩子独立生活的能力，能让孩子在周末或者假期中做力所能及的事情（3分）	会担心孩子做不好，会陪着孩子一起做（2分）	孩子太小，不需要孩子来做（0分）				
			当孩子遇到困难时，要鼓励孩子不退缩，做到"胜不骄败不馁"（4分）	当孩子遇到困难时，能鼓励孩子不退缩，但孩子做得不好时，会有失望和难过的表现（2分）	觉得孩子做不来，就不要勉强了（1分）				
	参与管理培训、活动（30分）	参与学校管理（8分）	能积极为学校的发展规划提出有见地的建议（2分）	能发表一点看法（1分）	完全不了解，提不出建议（0分）				
			能积极与领导共商教育学生的良策（2分）	在学校有需求的情况下，能提出一些意见（1分）	没有想法，提不出任何良策（0分）				
			能积极参与学校工作计划的制订（2分）	能被动参与学校工作计划的制订（1分）	完全不了解，无法参与制订（0分）				
			能抽空来校进班听课，并提出看法和意见（2分）	学校有邀请时，有时间的情况下能够参与（1分）	认为没有必要（0分）				
			能与班主任共同制订并参与对学生有教育意义的主题班会活动（2分）	班主任有邀请时，有时间的情况下能够参与（1分）	觉得没有这个能力和时间（0分）				

续表

一级指标	二级指标	三级指标	评价细则		自我评价	孩子评价	教师评价	学校评定
和睿家长	参与管理培训、活动（30分）	参与班级管理（10分）	能配合班主任完成黑板报的制作（2分）	班主任有邀请时，有时间的情况下能够参与（1分）	觉得没有这个能力和时间（0分）			
			能与班主任共同进行家访（2分）	班主任有邀请时，有时间的情况下能够参与（1分）	借口推托，认为没有必要（0分）			
			能协助班主任进行布置教室（2分）	班主任有邀请时，有时间的情况下能够参与（1分）	觉得没有这个能力和时间（0分）			
			能协助任教老师进行作业的批阅（2分）	班主任有邀请时，有时间的情况下能够参与（1分）	觉得没有这个能力和时间（0分）			
		参与学校的培训、会议（6分）	能按时、有准备地参加学校组织的"家长培训"（3分）	有空余时间就参加"家长培训"（2分）	找借口推脱不参加（0分）			
			能按时、有准备地参加学校组织的"家长会议"（3分）	有空余时间就参加"家长会议"（2分）	找借口推托不参加（0分）			
		参与活动（6分）	能按时、有准备地参加家长会、考试监考等（3分）	有空余时间就参加家长会、考试监考等（2分）	找借口推脱不参加（0分）			
			积极组织学生参与社会实践活动、亲子活动等（3分）	有空余时间就参加（2分）	找借口推脱不参加（0分）			
	总分							

第二节　警民共建

警民共建是学校与社区警务室为了共同创建精神文明、物质文明校园，充分利用双方的有利资源，共同推动两个文明建设，以及周边地区的政治稳定和治安安定，保障学校正常的教学、生活秩序，并通过法制教育、安全教育及共同开展社会公益活动，增强师生的法律意识，加强合作，增进警民情谊，构建和谐校园。

联升小学坚持三个"注重"，强化警民共建活动，使学校的校园更加和谐，使警民关系更加融洽，谱写出了更加文明和谐的警民共建的校园合作新篇章。

三个注重，即注重经常研究与日常工作的统一，注重内容务实与形式多样，注重优势互补双向互动。我们学校在日常管理工作中，注意发挥警务室、派出所、公安分局共建功能，与学校的安全管理有机地结合起来，建立起了学校安全长治久安的警民共建合作机制，使学校的校园安全更加可靠，使学校与周边社区、军警的关系更加和谐。具体体现为以下几个方面。

一、安全共建

联升小学与荔横警务室协调统一，共同成立了学校警民共建工作领导小组。领导小组组长由学校校长与警务室警长共同担任，成员有警务室相关科室负责人、学校德育主任、总务主任、教导主任等组成。

我们注重经常研究与日常工作的高度统一，把校园安全与警务室、派出所、分局和学校的日常工作结合起来，坚持教育预防与群防群治相结合，注重形式多样与内容充实的教育效果。

在群防群治的过程中，荔横警务室警长、警务室辅警等，每天在学生出入的三个高峰时段（早、午、晚），都亲自到学校为学生上下学的安全保驾护航，为学校的安全文明活动，创造了十分有利的条件。

在日常教育教学工作中，我校法制副校长及警务室警长，经常到学校为学生进行青少年犯罪预防教育。每学期至少开展一至两次法制教育课，结合当前青少年犯罪的典型案例深入剖析犯罪的根源，为预防青少年学生犯罪起到了极大的教育促进作用。

二、警民协作

在对学生进行形式多样的教育活动的同时，我们更加注重双向互动与优势互补。我们的具体做法有以下几点。

（1）当警务室、分局有重要的宣传活动的时候，我们组织由学校少先队大队委牵头的宣传活动小组，参与其活动。

（2）当学校有重要节日及庆祝活动时，我们经常邀请他们参加我们的活动。一是丰富双边的文化活动，增强文明建设活动的内涵。二是创设条件把双边友谊建立在平等互信的基础上，更加和谐与统一。

（3）在共建活动中，学校本着从实际出发，求真务实，量力而行的原则，不搞花架子，不走过场，在条件允许的情况下，把工作做细、做实。为了使干警了解和掌握有关社区情况，学校组织师生向干警进行社区情况知多少汇报会；与此同时，干警们看到师生整天社会家庭打交道，对安全"四防"知识了解少，也主动给老师讲解如何防火、防盗，发生火灾如何自救，如何及时稳妥地离开现场，并组织师生参加用灭火器扑灭烈火的现场演习。通过形式多样的活动，使共建活动的内容得到了充实，取得了扎实的效果。

三、和谐共享

近几年来，在学校、警务室、公安局分局的共同努力下，我们学校各方面工作都取得了明显的成效。学校先后荣获"广东省交通安全文明示范校""广东省健康促进示范学校""广东省无烟单位""广东省规范化学校""东莞市一级学校""东莞市平安校园""东莞市依法治校示范校""东莞市优秀民办学校"等殊荣，另外学校党支部在2018年被东莞市委组织部和东莞市社会组织工委评为"五星级党组织"，极大地促进了学校的发展。

通过警民共建活动的开展，不仅增进了警民互相了解、加深了友谊，还促进了警民优势互补，互惠互利，共同提高，也为我们共同创建文明单位、构筑和谐警民关系起到了积极的推动作用。

第三节　整合宣传

整合宣传就是综合、协调地使用各种传播方式，传递本质上一致的信息，以达到宣传目的的一种推广手段。

一、总则

第一条：对外宣传工作是学校宣传工作的重要内容，是面向社会介绍学校发展动态，扩大学校影响力，提高学校知名度，展示学校形象的重要窗口。为使学校对外宣传工作进一步规范化和制度化，特制订本办法。

第二条：对外宣传工作要高举中国特色社会主义伟大旗帜，坚持以邓小平理论和"三个代表"重要思想为指导，深入贯彻落实科学发展观，高举旗帜、围绕中心、服务师生、改革创新；在学校党委的领导下，把握正确的舆论导向，创造良好的舆论环境；服务于学校改革、发展与稳定的大局，服务于建设品牌学校的中心工作，服务于基层和广大师生员工。

第三条：学校德育处（政策与信息中心）负责贯彻落实学校新闻宣传工作的方针政策；组织、协调、实施以学校名义进行的各种形式的对外宣传工作；指导校内各单位组织开展对外宣传工作。

二、对外宣传管理及新闻发布

第四条：德育处（政策与信息中心）对外发布新闻的主要形式包括。

（1）邀请新闻媒体参加学校相关活动和来校采访。

（2）联系学校相关单位和人员，接受新闻媒体的约访。

（3）向新闻媒体发送新闻通稿。

（4）利用新闻网或者新闻中心官方微博对外发布信息。

第五条：对外宣传实行归口管理，所有宣传均以"东莞市清溪联升小学"名义组织实施。

第六条：宣传组织实施的各类新闻发布活动，涉及校内各部门工作内容时，各相关部门应予以支持和配合。

第七条：各部门要明确一位分管宣传工作的老师，及时地将本部门开展的活动进行宣传和联络。

第八条：未经批准，任何人不得以东莞市清溪联升小学的名义对外发布信息。各部门发布的信息须经德育处（政策与信息中心）审核批准。

三、校外媒体记者来校采访

第九条：德育处（政策与信息中心）作为学校对外新闻发布的管理机构，对校外媒体的相关采访事宜进行统一管理并提供必要的协助。

第十条：校外媒体或其他相关人员来校采访应持有正规的记者证及相关函件。

第十一条：校外媒体记者来校采访应事先与德育处（政策与信息中心）联系，递交盖有媒体单位公章的采访函，新闻中心根据采访函内容，做出相应答复或采访安排。

第十二条：境外媒体记者来校采访，须经上级领导审核批准，由德育处（政策与信息中心）负责安排采访。

第十三条："校内各部门、个人在接受校外媒体采访的过程中，要严格遵守国家和学校的相关保密法规及制度。在接受境外媒体采访过程中，要切实做好泄密防范工作。

第十四条：所有校外单位进入校园进行影像拍摄由德育处（政策与信息中心）负责审批。校外单位拍摄校园影像一般应用于公益性活动。未经允许而将拍摄的校园用于商业性的单位或个人，学校视情况追究当事者相应责任。

四、校内突发性事件新闻报道

第十五条：校内突发性事件，是指在我校行政管辖范围内发生的或与我校人员相关的下列各类突发性事件。

（1）重大事故和灾难。

（2）重大刑事案件。

（3）群体性事件。

（4）关系到学校声誉的、引起社会普遍关注的其他事件。

第十六条：校内突发性事件新闻报道的原则：以党的方针政策为指导，坚持正确的舆论导向；主动、准确、及时、得当，注重社会效果；有利于党和国家以及学校的工作大局，有利于校园的社会稳定和人心安定，有利于维护广大师生员工的切身利益和学校形象，有利于事件的妥善解决。

第十七条：应对校内突发性事件的具体操作方式，以东莞市清溪联升小学突发事件应急预案为准。

第十八条：经上级主管领导批准，可举办校内突发性事件的新闻发布会或新闻通气会。新闻发言人和新闻发布场所由学校主管领导指定。

第十九条：校外新闻媒体要求对校内突发性事件进行实地或电话采访，由上级领导统一受理。

第二十条：对于校内突发性事件的发生现场，学校安全办公室可根据情况设置警戒区，并在警戒区外设立专门的采访区。

第二十一条：有可能造成重大社会影响，根据上级部门有关规定，不宜由学校对外发布信息的其他突发性事件，不接受校外媒体采访，上级主管部门派出的记者除外。

第二十二条：对校内突发性事件进行报道，应遵守国家和学校的相关保密规定。

五、附则

第二十三条：本办法的解释权在东莞市清溪联升小学。

第二十四条：本办法自发布之日起执行。

参考文献

［1］吴忠民. 普惠性公正与差异性公正的平衡发展逻辑［J］. 中国社
会科学，2017（90）：33-44.

［2］李文章. 非对立性普惠性学前教育与盈利性民办幼儿园的相互关系
［J］. 现代教育论丛，2018（2）：40-44.

［3］刘建华. 困境与出路：民办学校发展问题探究［J］. 中国教育学刊，
2014（10）：45-49.

［4］瓦·阿·苏霍姆林斯基. 给教师的建议［M］. 教育科学出版社，
1984.

［5］刘永林. 中小学校长负责制的政策分析［J］. 天津市教科院学报，
2005（04）.

［6］范国睿. 政府·社会·学校——基于校本管理理念的现代学校制度
设计［J］. 教育发展研究，2005（1）：12-17.

［7］朱永新. 当务之急是将家庭教育纳入现代教育管理体制［J］. 中华

家教（上半月），2019（9）：3.

［8］陈晓君．立德树人争做四有好老师［J］．新教育时代电子杂志（教师版），2018（45）：76.

［9］孙志麟．教师效能——三元模式的建构与应用［J］．教育研究月刊，2002（104）：44–55.

［10］卢谢峰，韩立敏．教师效能的多重模型及其对研究的启示［J］．外国中小学教育，2004（11）：28–32.

［11］覃学健．中小学家长委员会职能问题研究［D］．西南大学，2011：8.

［12］林莹．学校家委会参与区域德育共建的实践与思考［J］．文学教育下半月，2016：178–179.

［13］文思睿．论家长委员会的法律地位［N］．江西青年职业学院学报，2015：73–75.

后 记

　　2012 年年初，为推进现代学校制度建设，教育部发布了《关于建立中小学幼儿园家长委员会的指导意见》《依法治校——建设现代学校制度实施纲要（征求意见稿）》，对校内关系和校外关系做出了具体规定，以协调和整合影响学生发展的各种力量。

　　现代学校制度是一种适应时代要求的学校制度安排。现代学校制度强调的是制度安排的"现时性"，它是一种"好的、先进的、能适应时代要求的"学校制度。现代学校制度是一种以学生发展为核心的制度安排。它将"学校"作为自己的本质规定，更加重视教师的教和学生的学，并以此作为构建整所学校制度的法则。在现代学校制度的框架下，所有的规则体系都是围绕更好地促进学生发展来构建的，从而更加凸显了教育的独立性和学校的自主性。现代学校制度是一种协调校内和校外关系的制度安排。现代学校制度把学校视为一个开放的组织，它不但关注学校内部的运作过程，而且也重视学校与家长和社会的互动过程。现代学校制度以学生的发展为核心来构建校内制度和校外制度，强调学校利益相关者在制度构建和发展中的作用。

联升小学全体教职员工为了更好的适应现代学校制度的构建，在学校章程的框架下，废寝忘食，努力工作。在"依法办学、自主管理、民主监督、社会参与"中践行着，看着一个个荣誉的诞生，我们虽累，但仍然是幸福的。感谢为了联升小学的成长，呕心沥血付出智慧和汗水的刘建强教授、张润林教授，以及在联升小学工作过的以及正在工作的所有教职员工，感谢东莞市清溪联升小学揭章建、李娟、赖嘉琪、赖敏、彭嘉玉、宋玉淼、温丽、赵文、张晓燕、张紫珍等老师为编著此书所付出的辛苦和努力！

由于我们是从实践者的视角构建学校的现代教学制度，理论表述、建设方略的梳理缺乏深度和广度，相关内容和呈现形式也存在许多遗漏和不足，敬请专家和同行们不吝批评指正，让我们在现代学校制度建设的道路上走得更稳、更远！